논술의 정석 1

❀ 고전인문철학수업 1

1. 과거를 창조함에 대하여 (플라톤, 소크라테스의 변명)
2. 소극적 자유와 적극적 자유에 대하여 (니체, 인간적인 너무나 인간적인)
3. 자유의지에 대하여 (도스토예프스키, 지하생활자의 수기)
4. 자유로운 일과 자유를 주는 일에 대하여 (아우렐리우스, 명상록)
5. 창조의 힘, 개별의지에 대하여 (루소, 인간불평등기원론)
6. 개별의지의 적용에 대하여 (플라톤, 국가 Ⅰ)
7. 선택받는 삶과 선택하는 삶에 대하여 (데카르트, 방법서설)
8. 올바름과 어리석음에 대하여 (플라톤, 국가 Ⅱ)

❀ 고전인문철학수업 2

9. 제3의 탄생에 대하여 (베이컨, 신논리학)
10. 꿈의 구조도에 대하여 (한비, 한비자)
11. 생각의 지도에 대하여 (통합사유철학강의)
12. 숭고한 나눔에 대하여 (칼릴지브란, 예언자)
13. 명예로운 삶에 대하여 (아우렐리우스, 명상록)
14. 우리에게 중요한 것들에 대하여 (생텍쥐페리, 어린 왕자)
15. 삶의 목적에 대하여 (장자, 장자)
16. 참과 진리에 대하여 (니체, 반시대적 고찰)

❀ 고전인문철학수업 3

17. 여유로움과 나태함에 대하여 (키르케고르, 디아프살마타)
18. 성찰과 회복에 대하여 (데카르트, 성찰)
19. 아름다움에 대하여 (칼릴지브란, 예언자)
20. 행동과 열정에 대하여 (서머싯 몸, 달과 6펜스)
21. 겸손과 지혜에 대하여 (한비, 한비자)
22. 인식의 세 단계에 대하여 (니체, 차라투스트라는 이렇게 말했다)
23. 진실과 오해에 대하여 (체호프, 체호프 단편선)
24. 인간의 조건에 대하여 (카프카, 변신)

✿ 고전인문철학수업 4

25. 평등한 세상을 위하여 (루소, 사회계약론)
26. 인간의 본성에 대하여 (알퐁스 도데, 별)
27. 문제와 해결에 대하여 (헤르만 헤세, 데미안)
28. 허영과 충만에 대하여 (파스칼, 팡세)
29. 편견과 본성에 대하여 (마크트웨인, 왕자와 거지)
30. 자기철학에 대하여 (아우렐리우스, 명상록)
31. 자존과 수용에 대하여 (사르트르, 문학이란 무엇인가)
32. 노력과 만족에 대하여 (이솝, 이솝 우화)

✿ 고전인문철학수업 5

33. 배려와 희생에 대하여 (법구, 법구경)
34. 유익과 선에 대하여 (키케로, 의무론)
35. 존재에 대하여 (사르트르, 구토)
36. 시대정신에 대하여 (헤겔, 역사철학강의)
37. 목적과 자격에 대하여 (아리스토텔레스, 정치학)
38. 인내와 용기에 대하여 (성서, 잠언)
39. 배움의 이유에 대하여 (마키아벨리, 군주론)
40. 성공의 길과 진리의 길에 대하여 (헤르만 헤세, 나비)

✿ 고전인문철학수업 6

41. 이해와 사랑에 대하여 (오헨리, 마지막 잎새)
42. 이해와 득실에 대하여 (냉철한 그리고 분노하는, 철학자들의 생각)
43. 합리적 계책에 대하여 (나관중, 삼국지)
44. 평등과 자격에 대하여 (냉철한 그리고 분노하는, 철학자들의 생각)
45. 시간과 존재에 대하여 (실존을 넘어서)
46. 자유와 평등에 대하여 (홉스, 리바이어던)
47. 관계와 인간에 대하여 (니체, 인간적인 너무나 인간적인 Ⅰ)
48. 나와 [나]에 대하여 (니체, 인간적인 너무나 인간적인 Ⅱ)

✿ 토론의 정석 1
| 고전인문철학수업 7 |

49. 우리 시대 약자는 살기 괜찮은가: 약자에 대한 판결 불공정 문제
50. 우리 시대 교육은 문제없는가: 대학 서열 문제
51. 우리 시대 직업은 그 역할을 다하고 있는가: 직업 서열 문제
52. 우리 시대는 술과 정신병 문제에 대한 대처를 잘하고 있는가: 술, 정신병 문제
53. 우리 시대는 부동산 등 불로소득을 잘 징계하고 있는가: 부동산, 불로소득 문제
54. 우리 시대 종교는 타락하고 있지 않은가: 타락한 종교 문제
55. 우리 시대는 처벌에 대해 평등의 원칙을 잘 준수하는가: 공평한 벌금 문제
56. 우리 시대는 정당방위를 충분히 보장하고 있는가: 정당방위 문제

✿ 토론의 정석 2
| 고전인문철학수업 8 |

57. 우리 시대는 계층 문제를 충분히 고려하고 있는가: 계층 문제
58. 우리 시대의 제사, 결혼, 장례 문화는 적절한가: 제사, 결혼, 장례의 전통 문제
59. 우리 시대는 상속을 왜 허용하면 안 되는가: 상속 문제
60. 우리 시대는 아직 일본과의 관계를 해결하지 못하고 있는가: 일본과의 관계 문제
61. 우리 시대는 남북통일을 잘 추진하고 있는가: 남북한 통일 문제
62. 우리 시대는 한·중·일 3국 연합을 준비하고 있는가: 한·중·일 연합 문제
63. 우리 시대는 개인의 생명과 안전을 스스로 지킬 수 있는가: 총기 소지 문제
64. 우리 시대는 모두의 인권을 존중해야 하는가: 인권과 사형 문제

✿ 논술의 정석 1
| 고전인문철학수업 9 |

65. 인간과 문화에 대하여: 비교와 추론
66. 인간과 환경에 대하여: 추론과 비판
67. 인간과 문학에 대하여: 비교와 평가
68. 인간과 예술에 대하여: 비교와 관점
69. 인간과 리더에 대하여: 분류와 평가
70. 인간과 평등에 대하여: 비교와 비판
71. 인간과 문명에 대하여: 비교와 대안
72. 인간과 운명에 대하여: 활용과 평가

✿ 논술의 정석 2
| 고전인문철학수업 10 |

73. 인간과 평화에 대하여: 비교와 추론
74. 인간과 기계에 대하여: 비교와 설명
75. 인간과 성취에 대하여: 비교와 평가
76. 인간과 정직에 대하여: 차이와 해석
77. 인간과 공정에 대하여: 핵심과 전개
78. 인간과 사회에 대하여: 추론과 근거
79. 인간과 빈곤에 대하여: 옹호와 비판
80. 인간과 존엄에 대하여: 서술과 한계

✿ 논술의 정석 3
| 고전인문철학수업 11 |

81. 인간과 합리에 대하여: 분류와 추론
82. 인간과 실존에 대하여: 적용과 해석
83. 인간과 발전에 대하여: 분석과 견해
84. 인간과 윤리에 대하여: 논점과 비판
85. 인간과 소외에 대하여: 해석과 대안
86. 인간과 대안에 대하여: 분석과 타당
87. 인간과 신뢰에 대하여: 평가와 추론
88. 인간과 정의에 대하여: 분류와 요약

✿ 창작의 정석 1
| 고전인문철학수업 12 |

89. 명예로움에 대하여: 수필
90. 숭고함에 대하여: 수필
91. 자기 세계에 대하여: 수필
92. 방향(方香)에 대하여: 수필
93. 가난함에 대하여: 논설
94. 강함에 대하여: 논설
95. 오류에 대하여: 논설
96. 기다림에 대하여: 논설

❀ 창작의 정석 2
| 고전인문철학수업 13 |

97. 바라지 않음에 대하여: 우화/동화/시
98. 어리석음에 대하여: 우화/동화/시
99. 우월함에 대하여: 우화/동화/시
100. 무아(無我)에 대하여: 우화/동화/시
101. 감성에 대하여: 소설/극본
102. 의지에 대하여: 소설/극본
103. 거짓에 대하여: 소설/극본
104. 진리에 대하여: 소설/극본

인문철학교육총서

논술의 정석 1

지성과문학사

논술의 정석 1

인문철학교육총서

논술의 정석 1

이 책은 논리적 글쓰기(논술)를 위한 인문철학 교육서이다. 이 책은 인문철학을 시작하려는 사람에게 상당히 적합한 책이다. 이 책은 인문철학을 깊이 전공하는 전문가에게도 자못 적합한 책이다. 이 책은 모든 학생이 공부할 수 있는 책이다. 이 책은 삶의 목표를 찾고 있는 사람에게 괜찮은 책이다. 이 책은 세상을 이끌려는 리더에게 그런대로 적합한 책이다. 이 책은 학생들을 가르치는 교육자에게 꽤 적합한 책이다. 이 책은 삶을 뒤돌아보는 이들에게 때때로 적합한 책이다. 이 책은 무슨 책을 읽어야 할지 모르는 사람들에게 나쁘지 않은 책이다. 이 책은 자신이 부족해 보일 때 조금 용기를 주는 책이다. 이 책은 누군가 거만한 사람에게 선물하면 좋은 책이다. 이 책은 소중한 사람들과 같이 공부하기에 제법 적합한 책이다. 이 책은 차분히 삶을 디자인하려는 사람에게 조금은 도움이 되는 책이다.

JH

인문철학교육서

* 차례 *

논술의 정석 1

서론, 아이들에게 해주어야 할 열 가지 이야기 *11*

65. 인간과 문화에 대하여: 비교와 추론 (한양대) *23*

66. 인간과 환경에 대하여: 추론과 비판 (한양대) *45*

67. 인간과 문학에 대하여: 비교와 평가 (덕성여대) *67*

68. 인간과 예술에 대하여: 비교와 관점 (이화여대) *107*

69. 인간과 리더에 대하여: 분류와 평가 (외대) *145*

70. 인간과 평등에 대하여: 비교와 비판 (숭실대) *175*

71. 인간과 문명에 대하여: 비교와 대안 (서강대) *209*

72. 인간과 운명에 대하여: 활용과 평가 (연세대) *235*

예시 답안 *263*

인문철학교육총서

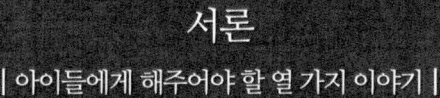

서론

| 아이들에게 해주어야 할 열 가지 이야기 |

인문철학교육총서

1. 기다림 연습

즐거운 여름밤 서늘한 바람이

알려주는 것들도 적지 않다.

바람이 고요해도

때가 되면

꽃잎은 떨어지리니.

2. 자유 연습

삶은

억압을 만들어내는 자와

그것을 해방하는 자의

투쟁의 역사이다.

행복은 항상 해방자의 편이다.

3. 또 다른 탄생 연습

조용히 시원하고 향기로운 공기를 느낄 수 있는 '고독'과

태양이 자신을 불태우는듯한 '열망'은

사람을 또 다른 존재로 탄생시킨다.

4. 냉철한 분노 연습

부조리한 억압에 대항하기 위한 냉철한 투쟁은

내가 약자라면 강하게 만들고

강자라면 고귀하게 만들 것이다.

행복의 조건이다.

5. 타인을 위함 연습

이 모든 일이

타인을 위한 것인 줄 알았는데

사실 나를 위한 것이었다.

그런데 그것도 오해였다.

누군가를 위한 일이라는 생각마저 없는 것.

행복의 조건이다.

6. 감동 주기 연습

큰 바위는 거의 변하지 않는다.

사람의 마음도 그에 못지않다.

타인의 마음을 움직이려면 감동적인 노력이 필요하다.

행복은 감동과 친구이다.

7. 존중 연습

자신을 성장시키는 방법은

다른 사람의 생각을

나와 다른 것이 아니라 내 생각의 일부로 느끼는 것이다.

자연스럽게 다른 사람을 존중하게 된다.

8. 길 찾기 연습

다른 사람의 생각을 수용하기 시작하면

지혜는 급격히 증가한다.

그런데 지혜의 숲속에서 길을 잃지 않기란 쉽지 않다.

너무 많은 독서는 좋지 않다.

지혜는 양이 아니라 질이 훨씬 중요하다.

9. 나 찾기 연습

나를 위해서 나를 찾으면

나를 찾으나 찾지 못하나

별 차이 없다.

10. 나 만들기 연습

생각은 나를 만드는 나무를 준비하는 것이고

행위는 나를 조각하는 것이다.

조각되기 전에는 무엇인지 알 수 없다.

태양이 떠오르면
밤사이 생각한 것만큼 그렇게
감출 수 있는 것이 많지 않다.
아무것도 속이지 말라.

65. 인간과 문화에 대하여

문화란 무엇인가?

65. 인간과 문화

✿

✿

1. 나에 대하여

문제 나는 어떤 문화에서 살고 있는지 그리고 내가 만들고 있는 문화는 무엇인지 자세히 설명하시오.(400자)

2. 논리적 글쓰기: 비교와 추론

[문제] (가)와 (나)에 나타난 문화의 형성 원리와 성격을 기술하고 이를 토대로 하여 (다)의 사례 [A]와 [B]의 의미를 각각 추론하시오. (1,200자)

한양대

2. 논리적 글쓰기: 비교와 추론

(가)

전통적으로 사람들은 생산 수단의 소유 여부나 직업의 위상을 가지고 이른바 계급을 구분해 왔다. 하지만 이후, 한 사람의 계급적 위치를 판단하기 위해서는 이러한 경제적 측면뿐만 아니라 생활 양식이나 소비 패턴과 같은 요인들도 고려되어야 한다는 주장이 폭넓게 제기되었다. 개인은 물질적 부나 직업 같은 요인뿐만 아니라 공동체에서 누리는 취향이나 여가 활동 등을 개발함으로써 자신의 계급적 지위를 드러내게 되었다는 것이다. 최근에는 개인이 자신의 지위 상승을 위해 경제적, 사회적, 문화적 자본을 어떻게 활용하는지를 연구하는 흐름이 강력하게 나타나기에 이르렀다. 여기서 '자본'이란 특권을 획득하기 위한 무한 경쟁에 도움이 되는 가시적, 비가시적 자원을 말한다. 경제적 자본은 부와 같은 물질적 자원을 가리키고, 사회적 자본은 인적 네트워크 같은 상징 가치들을 포괄적으로 함의한다. 어떤 계급의 사람들은 자신의 지위를 높이기 위해 특정 지역에서 살거나 자기들만의 배타적 인맥을 형성하는데, 이러한 과정을 통해 구성된 것들이 바로 사회적 자본이다. 또한 사회적 자본 외에 지식이나 취향, 스타일 같은 것들도 지위 상승의 유용한 자원이 된다는 견해가 대두하기도 하였다. 예컨대 일부 엘리트 층은 발레나 클래식 음악에 대한 취향을 지속적으로 개발함으로써 자기들만의 동질성을 만들고, 발레와 클래식을 모르는 집단으로부터 스스로를 구별 지으려는 욕망을 가지게 되었다. 이러한 문화적 자본은 상이한 조건 아래에서 개인들이 사회화되는 과정을 통해 획득하는 기본적 생활 양식이라고 할 수 있다. 유사한 조건에 있는 개인들은 비슷한 생활 양식을 공유하게 될 가능성이 높으며, 이는 결과적으로

2. 논리적 글쓰기: 비교와 추론

동일한 사회 계층에 속한 사람들로 하여금 다른 계층과는 구별되는 독특한 하위문화를 형성하도록 만들었다. 집단별로 발달한 독자적인 문화적 자본이 경제 중심 논의의 대상이었던 계급 문제에 새로운 개념을 부여하게 된 것이다.

(나)

손으로 음식을 먹는 인도인, 부르카를 입는 이슬람 여성, 물보다 차를 마시는 중국인, 포옹으로 인사하는 미국인 등을 통해 색다른 생활 양식을 만나면 우리는 신선한 매력과 함께 낯선 당혹감을 느끼게 된다. 경험적 차이에서 비롯되는 막연한 두려움과 거부감이 수반되기 때문이다. 하지만 그러한 혼란에서 벗어나려고 경험적 동일성에 포섭되지 않는 차이를 거부하거나 폄하하는 것은 무지에 의한 폭력과 다를 바가 없다. 차이를 이해한다는 것은 새로운 지식을 쌓아가는 일인 동시에 자신의 경험 내부로 포괄되지 못하는 이질적인 문화적 충격에 대한 인정과 관용의 자세를 기르는 것이기 때문이다. 그래서 우리는 문화적 경험들이 사회적, 역사적 맥락 속에서 배태되는 것이며, 전체적인 인간 구성 요소들과의 상호 연관성 속에서 파악되어야 한다고 말할 수 있다. 우리는 문화적 현상이 발생하는 원인을 일차적으로 인간의 생리적 욕구나 비용의 최적화 원리 등에서 찾을 수 있지만, 다른 한편으로는 주어진 자연 환경 아래에서 효율적인 생존 전략을 찾는 과정에서 찾을 수도 있다. 이때 한 공동체의 가치나 신념 체계는 환경적 요소의 영향을 받는다. 가령 힌두 인의 암소 숭배와 이슬람의 돼지 혐오를 생각해 보자. 표면상으로 매우

2. 논리적 글쓰기: 비교와 추론

다른 이 두 현상은 주어진 자연 환경에 적응하기 위한 최선의 전략이라는 동일한 이유로 발달한 공동체 문화이다. 고온 다습한 인도에서 소는 키우기 쉽고 유용한 가축이다. 소는 초식 동물로서 먹이를 조달하기 쉬우며, 무엇보다 벼농사를 주업으로 하는 이 지역에서 훌륭한 노동력을 제공한다. 여러 해 키운 후에 육우로 소비하는 것보다는 가축으로 계속 키우는 것이 장기적으로 훨씬 득이 된다. 따라서 인도 경제에서는 소를 식량으로 소비하는 것을 금기시할 필요가 있었고, 이것이 암소 숭배로 이어졌다고 할 수 있다. 이슬람에서 돼지 혐오가 나타나게 된 과정도 이와 유사하다. 이슬람교가 발달한 서남아시아 지역은 고온 건조한 사막 기후로 돼지의 생리와 전혀 맞지 않다. 돼지는 잡식성으로서 건조한 기후에서 부족한 식량을 놓고 인간과 경쟁하게 될 가능성이 클 뿐만 아니라 노동력을 제공하지도 않는다. 따라서 돼지고기는 서남아시아 지역에서 매우 비효율적인 식량이며, 돼지고기에 대한 선호가 생기지 않게 하기 위한 전략으로 돼지 혐오라는 관습이 생겨났다고 할 수 있다.

(다)

[A] 통속적인 대중문화는 사람들이 무가치한 것으로 평가하기도 하지만, 실상 여러 가지 장점을 가지고 있다. 그 안에는 다양한 즐거움의 요소들이 담겨 있는데, 내용이 비록 정교하거나 심오한 것은 아닐지라도, 자연스럽고 가식이 없다는 뜻에서 본다면 오히려 훌륭한 문화라고 할 수 있다. 별 가치 없어 보이는 것을 대단한 것이나 되는 양 다루는 드라마의 이야깃거리도 그 나름대로 오랜 역사성과 폭

2. 논리적 글쓰기: 비교와 추론

넓은 저변을 가지고 있다. 어쩌면 그것들은 다른 전통적인 것과 마찬가지로 인생사의 본질적인 것을 표현하는 양식일지도 모른다. 그래서 인위적인 힘을 동원하여 이를 약화시키거나 없애게 되면, 사람들은 생활을 통해 얻은 구체적 지혜 혹은 건전한 오락을 통해 어렵게 발전시킨 예술적 자산에 커다란 손실을 입게 될 것이다.

[B] 미국 서부에서 이른바 '골드러시'가 한창이던 시대, 한 독일 출신 청년이 광부들의 작업복이 쉽게 찢어지는 것을 보고 이를 보완하기 위하여 텐트용으로 생산된 두꺼운 천으로 바지를 만들기 시작하였다. 광산의 거친 노동 환경이 그러한 발상을 가능하게 한 것이다. 얼마 지나지 않아 이 바지는 광부들 사이에서 폭발적 인기를 끌었다. 오래도록 해지지 않는 속성을 목표로 했던 청년의 아이디어가 크게 성공하는 순간이었다. 이후 수요가 엄청나게 늘어나 이 청년의 이름을 따서 바지 상표를 만들게 되었는데, 이때로부터 청바지 문화의 역사가 시작되었다. 그런데 청바지는 원래의 목표였던 내구성과 실용성뿐만 아니라, 자신의 멋과 개성을 드러내는 차원으로 그 구매와 활용의 성격이 확장되기 시작하였다. 저소득층의 전매특허였던 것이 전 계층을 아우르는 보편적인 소비재가 된 것이다. 나아가 갖가지 장신구를 달거나 천을 덧대고 찢어서 자연스러운 멋을 내는 등 개성적 취향을 충족하는 다양한 청바지가 인기를 얻게 되었다.

2. 논리적 글쓰기: 비교와 추론

문제 제시문 별로 제목을 정하고 핵심 내용을 정리하시오. (각 100자)

〈제시문 가〉

200자

〈제시문 나〉

400자

〈제시문 다〉

600자

65. 인간과 문화에 대하여

2. 논리적 글쓰기: 비교와 추론

문제 답안을 디자인하시오.

2. 논리적 글쓰기: 비교와 추론 (1/2)

문제 (가)와 (나)에 나타난 문화의 형성 원리와 성격을 기술하고 이를 토대로 하여 (다)의 사례 [A]와 [B]의 의미를 각각 추론하시오. (1,200자)

2. 논리적 글쓰기: 비교와 추론 (2/2)

문제 (가)와 (나)에 나타난 문화의 형성 원리와 성격을 기술하고 이를 토대로 하여 (다)의 사례 [A]와 [B]의 의미를 각각 추론하시오. (1,200자)

3. 주제 토론: 인간과 문화에 대하여

단 하나뿐인 것은
아름답지도 추하지도 않다.

〈위 글을 바탕으로 인간과 문화에 대하여 창작하시오: 사회 비판 관점〉

200자

400자

4. 천자문 (65/125)

世(세상 세) 祿(녹 록) 侈(사치 치) 富(부자 부)
세상의 사치와 부를 누려도

車(수레 거) 駕(멍에 가) 肥(살찔 비) 輕(가벼울 경)
수레의 말은 살찌지 않는다.

세록치부   거가비경

世祿侈富 이나   車駕肥輕 이라.

풍요와 사치가 꼭 가치를 만드는 것은 아니다.

[한자 세 번, 뜻 한 번을 쓰시오]

인문고전 추천 65

주역 (미상)

고대(古代)에 거북의 배나 짐승의 뼈로 치는 점(占)은 그것들을 불에 구웠을 때 생긴 금(線)을 판단의 재료로 하여 길흉을 점치는 것이다. 또한 갑골문이 복서(卜筮)에 사용되었다. 주대(周代)에는 서죽(筮竹)을 써서 길흉을 점치는 방법이 행해졌다. 이러한 점(占)의 말이나 점법의 정신을 해설한 것이 《역경(易經)》이다. 주 대의 점서(占書)라는 데서 《주역(周易)》이라고도 호칭한다.[4]

서죽을 조작하여 남은 수가 홀수일 때는 양(陽) 즉(-), 짝수일 때는 음(陰) 즉(--)이라 하여, 그것을 세 번 반복하여 괘(卦)의 상(象)을 얻는다. - 인지 — 인지 결정하려고 3회 반복하여 얻는 조합(組合) 여덟 가지를 8괘라고 한다. 건(乾), 곤(坤), 진(震), 손(巽) 등이 그것이다. 8괘를 알맞게 둘씩 조합하여 조합의 가능 한계인 64괘를 얻는다. 이 64괘 각자의 설명을 괘사(卦辭)라 하고, - 이나 — 을 각각 효(爻)라고 하거니와, 이 효에 대하여 설명한 것을 효사(爻辭))라고 한다. 이 괘사와 효사를 《역경(易經)》의 경(經)이라고 한다. 경의 해석이나 역(易)의 정신을 표기한 것을 10익(十翼)이라고 한다.

정약용은 한서 예문지에서 '복희가 8괘를 그리고, 문왕이 64괘를 그렸다'는 기록에 대해 이들간의 시간차가 수 천년일 수 있다는 점을 거론한 바 있다.

65. 인간과 문화에 대하여

독서 노트 (65)

[주역에 흐르는 정신(교훈)에 대하여]

1. 저자
   : 무명

2. 도서
   : 주역

3. 독서노트
   (1) 중요하게 생각하는 열 가지 이야기를 기술하시오. (각 100자)
   (2) 정리한 열 가지 이야기에 흐르는 정신(교훈)을 세 가지로 나누고, 각 이야기를 인용하면서 주역의 세 가지 정신(교훈)에 대하여 설명하시오. (각 300자)

4. 기간
   : 2주

독서노트

(1) 중요하게 생각하는 열 가지 이야기를 기술하시오. (각 100자)

1.

2.

200자

3.

4.

400자

5.

600자

독서노트

(1) 중요하게 생각하는 열 가지 이야기를 기술하시오. (각 100자)

6.

7.

8.

9.

10.

독서노트

(2) 정리한 열 가지 이야기에 흐르는 정신(교훈)을 세 가지로 나누고, 각 이야기를 인용하면서 주역의 세 가지 정신(교훈)에 대하여 설명하시오. (각 300자)

1.

200자

2.

400자

600자

독서노트

(2) 정리한 열 가지 이야기에 흐르는 정신(교훈)을 세 가지로 나누고, 각 이야기를 인용하면서 주역의 세 가지 정신(교훈)에 대하여 설명하시오. (각 300자)

3.

Summary

1. 나에 대하여

: 나는 어떤 문화에서 살고 있는지 그리고 내가 만들고 있는 문화는 무엇인지 자세히 설명하시오.

2. 논리적 글쓰기

: 비교와 추론

3. 주제 토론

: 인간과 문화에 대하여

4. 천자문

5. 독서 노트

: 주역 (미상)

인간과 문화에 대하여

✿ 65. 인간과 문화에 대하여 자신의 생각을 종합하시오.

66. 인간과 환경에 대하여

환경 악화의 근원적 원인은 무엇인가?

66. 인간과 환경에 대하여

✿

✿

1. 나에 대하여

문제 나는 지구 환경을 위해 어떤 일을 하고 있는지 또 어떤 일을 할 것인지 기술하시오. (400자)

200자

400자

2. 논리적 글쓰기: 추론과 비판

[문제] (가)에서 언급된 '전 지구적 차원의 문제'의 구체적인 사례를 하나 들고, (나)의 관점에서 이에 대한 대응 방안을 제시한 후, (다)의 예를 참고하여 그 대응 방안이 갖는 문제점을 비판하시오. (600자)

한양대

2. 논리적 글쓰기: 추론과 비판

(가)

　세계화, 정보화가 강화되면서 특정 지역과 국가의 한계를 넘어온 인류가 공통적으로 직면하는 '전 지구적 차원의 문제'도 나타나고 있다. 이러한 문제로는 환경 오염, 식량 문제, 에너지 문제, 기후 변화 등을 들 수 있는데, 이들 문제는 특정 국가의 노력만으로는 해결이 어렵다는 공통점을 갖는다. 모든 인류가 지속가능한 발전을 통해 지속가능한 사회를 만든다는 공감대를 형성하고 함께 노력해야만 해결할 수 있는 문제인 것이다.

2. 논리적 글쓰기: 추론과 비판

(나)

　현재 우리가 산업기술 문명의 폐해를 경험하고 있는 것은 사실이다. 많은 경우 이런 폐해는 해당 기술 개발자들이 미처 예상하지 못했던 것이다. 내구성이 강하고 경제적이어서 '기적의 신소재'로 여겨졌던 플라스틱이 환경 오염의 주범이 된 것이 대표적 사례이다. 일부에서는 이런 점을 들어 기술이 안전하다는 보장이 있기 전까지는 그 기술의 사용이나 개발 자체를 막아야 한다는 주장이 나오기도 한다.

　하지만 이런 반기술적 태도는 합리적이지 않다. 기술로 인해 발생한 문제를 해결할 수 있는 것은 결국 기술밖에 없기 때문이다. 플라스틱 문제도 플라스틱을 먹는 미생물을 만들거나 자연분해가 빨리 되는 신소재를 만들어냄으로써만 해결이 가능하다. 그러므로 지속가능한 미래를 위해 우리에게 필요한 것은 더 좋은 기술을 더 빨리 개발하여 보다 광범위하게 확산하는 일이다.

2. 논리적 글쓰기: 추론과 비판

(다)

2012년 8월 낙동강에서의 녹조 발생을 둘러싸고 사회적 논쟁이 벌어졌다. 환경단체의 주장은 4대강 공사로 인해 유속이 느려지면서 물의 체류 시간이 증가하여 강이 거의 호소(湖沼: 호수와 늪)가 되었고, 이 영향으로 녹조가 급속하게 증가했다는 것이었다. 환경부는 이 주장을 반박하면서 녹조의 원인을 가뭄이나 일조 시간, 고온에서 찾았다. 환경부의 분석에 의하면 녹조는 비정상적인 기후의 결과로 발생한 일시적 현상이었다.

또 환경부는 낙동강은 호소가 아니라 물이 흐르는 하천이라고 주장했는데, 호소와 하천의 차이가 중요한 이유는 수질을 측정하는 기준이 다르기 때문이었다. 수질 오염을 측정해서 평가하는 기준에는 물이 고여 있는 호소에 적용되는 조류경보제와 물이 흐르는 하천에 적용되는 수질예보제가 있는데, 어느 기준을 따르는지에 따라 측정된 녹조의 심각성이 다르게 판단될 수 있었다. 예를 들어 합천창녕보의 31.3이라는 클로로필-a 오염 수치는 조류경보제에 따르면 심각한 '경보' 수치이지만 수질예보제에 따르면 가장 낮은 '관심' 단계에도 미치지 못하는 수치였다.

이처럼 낙동강 녹조 논쟁은 4대강 공사 이후의 낙동강이 호소인지 하천인지를 법률적으로 규정하는 방식의 차이에서 상당 부분 비롯되었다. 이 경우 각각의 입장이 제시한 과학적 근거를 검토하는 것만으로는 문제가 해결되기 어렵다. 양측 모두 낙동강에 녹조가 생겼다는 사실 자체에는 동의했지만, 그것이 얼마나 심각한 것인지에 대해서는 입장을 달리했기 때문이다. 이런 상황에서 개발의 바람직

2. 논리적 글쓰기: 추론과 비판

한 방식에 대한 다양한 의견이 사회적으로 검토되고 그 결과가 제도적, 법률적으로 반영될 때 유효한 해결책이 얻어질 수 있을 것이다.

2. 논리적 글쓰기: 추론과 비판

문제 제시문 별로 제목을 정하고 핵심 내용을 정리하시오. (각 100자)

〈제시문 가〉

200자

〈제시문 나〉

400자

〈제시문 다〉

600자

2. 논리적 글쓰기: 추론과 비판

문제 답안을 디자인하시오.

2. 논리적 글쓰기: 추론과 비판

문제 (가)에서 언급된 '전 지구적 차원의 문제'의 구체적인 사례를 하나 들고, (나)의 관점에서 이에 대한 대응 방안을 제시한 후, (다)의 예를 참고하여 그 대응 방안이 갖는 문제점을 비판하시오. (600자)

3. 주제 토론: 인간과 환경에 대하여

너무 향기로운 물은
향수로밖에 쓸 일이 없다.

〈위 글을 바탕으로 인간과 환경에 대하여 창작하시오.: 사회 비판 관점〉

3. 주제 토론: 인간과 환경에 대하여

연못을 비추는 달을 잡으려고
뛰어들지는 말라.
달은 보는 것이지 손에 쥐는 것이 아니다.

〈위 글을 바탕으로 인간과 환경에 대하여 창작하시오 : 사회 비판 관점〉

4. 천자문 (66/125)

策(책략 책) 功(공 공) 茂(무성할 무) 實(열매 실)
공을 이룸에 모두에게 성실하고 충실해야

勒(새길 륵) 碑(비석 비) 刻(새길 각) 銘(새길 명)
이름을 새겨 그 비를 전하리라.

책공무실　　　늑비각명

策功茂實 이나　　勒碑刻銘 이라.

생명 모두에게 유익함을 주어야 진정한 이룸이다.

[한자 세 번, 뜻 한 번을 쓰시오]

반시대적 고찰 (니체)

    프리드리히 빌헬름 니체(1844~1900)는 독일의 문헌학자이자 철학자이다. 서구의 오랜 전통을 깨고 새로운 가치를 세우고자 했기 때문에 '망치를 든 철학자'라는 별명이 있다. 그는 그리스도교 도덕과 합리주의의 기원을 밝히는 작업에 깊이 매진하였고, 이성적인 것들은 실제로는 비이성과 광기로부터 기원했다고 주장했다.

    관념론과 기독교는, 세계를 두 개로 구분짓는다. 이를테면 기독교는 이승 이외에도 하늘나라가 있다고 가르친다. 또한 플라톤은 세계를 현상계와 이데아계로 이분한다. 니체는 이러한 구분에 반대하며 '대지에서의 삶을 사랑할 것'을 주장하였다. 또한 현실에서의 삶을 비방하는 자들을 가리켜 퇴락한 인간이라 부르며 비판하였다. 이렇듯, '영원한 세계'나 '절대적 가치'를 인정하지 않는다는 점에서 니체는 관념론적 형이상학에 반대한다. 즉, 기독교에서 말하는 '하나님의 왕국' 혹은 칸트가 말하는 '목적의 왕국' 등에 반대하는 것인데, 특이하게도 부르주아 민주주의를 기독교의 아류로 보고 비판하기도 했다.

    니체는 전체주의, 민족주의, 국가주의, 반유대주의 등을 비판했다. 그러나 인종주의자였던 동생이 니체의 책을 조작하여, 그의 사상이 파시스트들에게 왜곡되기도 했다. 진리의 가치를 묻는 그의 질문은 해석상의 문제를 제기했다.

독서 노트 (66)

[반시대적 고찰에 흐르는 정신(교훈)에 대하여]

1. 저자
   : 니체

2. 도서
   : 반시대적 고찰

3. 독서노트
   (1) 중요하게 생각하는 열 가지 이야기를 기술하시오. (각 100자)
   (2) 정리한 열 가지 이야기에 흐르는 정신(교훈)을 세 가지로 나누고, 각 이야기를 인용하면서 반시대적 고찰에 흐르는 세 가지 정신(교훈)에 대하여 설명하시오. (각 300자)

4. 기간
   : 2주

독서노트

(1) 중요하게 생각하는 열 가지 이야기를 기술하시오. (각 100자)

1.

2.

200자

3.

4.

400자

5.

600자

독서노트

(1) 중요하게 생각하는 열 가지 이야기를 기술하시오. (각 100자)

6.

7.

8.

9.

10.

독서노트

(2) 정리한 열 가지 이야기에 흐르는 정신(교훈)을 세 가지로 나누고, 각 이야기를 인용하면서 반시대적 고찰에 흐르는 세 가지 정신(교훈)에 대하여 설명하시오. (각 300자)

1.

200자

2.

400자

600자

66. 인간과 환경에 대하여

독서노트

(2) 정리한 열 가지 이야기에 흐르는 정신(교훈)을 세 가지로 나누고, 각 이야기를 인용하면서 반시대적 고찰에 흐르는 세 가지 정신(교훈)에 대하여 설명하시오. (각 300자)

3.

Summary

1. 나에 대하여

: 나는 지구 환경을 위해 어떤 일을 하고 있는지 또 어떤 일을 할 것인지 기술하시오.

2. 논리적 글쓰기

: 추론과 비판

3. 주제 토론

: 인간과 환경에 대하여

4. 천자문

5. 독서 노트

: 반시대적 고찰 (니체)

인간과 환경에 대하여

✿ 66. 인간과 환경에 대하여 자신의 생각을 종합하시오.

67. 인간과 문학에 대하여

문학이란 무엇인가?

67. 문학과 예술에 대하여

✿

✿

1. 나에 대하여

문제   문학의 역할에 대하여 자신의 생각을 논리적으로 기술하시오.
(400자)

2. 논리적 글쓰기: 비교와 평가

[문제 1-1] 인간의 삶과 관련하여 문학이 가지는 가치에 대해 (가)와 (나)의 내용을 통합하여 쓰시오.(200자 내외)

[문제 1-2] [문제 1-1]에서 이해한 문학의 가치가 (다)에서 어떻게 구현되어 있는지 설명하시오.(300자 내외)

[문제 2-1] (가) ~ (라)를 두 입장으로 나누어 차이점을 중심으로 서술하시오. (200자 내외)

[문제 2-2] [문제 2-1]의 두 입장 중 하나를 택하여 (마)에 나타난 견해를 평가하시오.(300자 내외)

[문제 3-1] (가)와 (나)의 견해 차이를 서술하시오.(200자 내외) (40점)

[문제 3-2] (다)를 활용하여 [문제 3-1]의 두 견해 중 하나를 비판하시오. (300자 내외)

덕성여대

2. 논리적 글쓰기: 비교와 평가

(가)

 사람은 누구나 타인들과는 다른 내면의 모습을 지니고 있다. 내면의 모습은 타고난 외모와 기질, 성격과 욕망, 다양한 경험 등을 통해 형성된다. 그런데 이러한 내면에 대한 자기 인식은 삶에서 매우 중요한 역할을 한다. 자신의 내면을 정확하게 알지 못 하거나, 있는 그대로 사랑하지 못할 때, 또는 자신의 내면을 타인의 내면에 투영해 보지 못할 때 삶은 성장을 멈추고 불화와 고통 속에 놓이게 된다. 그래서 참되고 조화로운 삶을 추구하는 문학의 정신은 바로 자신의 내면에 대한 성찰에서 시작되고 마무리 된다고 할 수 있다.

2. 논리적 글쓰기: 비교와 평가

(나)

문학 작품은 다양한 인물이 보여 주는 갈등을 통해 개개인에게 구현되는 공동체의 정치 이념이나 경제 체제, 관습과 제도들이 지니고 있는 한계나 모순을 보여 주며, 과연 그러한 삶이나 공동체가 참다운 것인지 질문한다. 이처럼 문학은 공동체의 지배적인 가치를 그대로 반영하지 않고 그 가치에 대하여 문제를 제기한다. 이와 같은 문제 제기는 공동체 구성원들에게 때로는 논란과 갈등을 야기하지만 참다운 삶의 조건에 대해 진지하게 성찰하게 하고 마침내는 다양한 논의를 통해 더 나은 공동체를 만들기 위한 소통의 장이 되기도 한다. 이 과정에서 문학은 과거로부터 이어 온 문화적 정체성과 참다운 삶에 대한 성찰과 소통의 과정을 공동체 구성원들이 공유케 함으로써 공동체를 통합하는 역할을 하기도 한다.

2. 논리적 글쓰기: 비교와 평가

(다)

한 줄의 시(詩)는커녕
단 한 권의 소설도 읽은 바 없이
그는 한평생을 행복하게 살며
많은 돈을 벌었고
높은 자리에 올라
이처럼 훌륭한 비석을 남겼다
그리고 어느 유명한 문인이
그를 기리는 묘비명을 여기에 썼다
비록 이 세상이 잿더미가 된다 해도
불의 뜨거움 꿋꿋이 견디며
이 묘비는 살아 남아
귀중한 사료(史料)가 될 것이니
역사는 도대체 무엇을 기록하며
시인(詩人)은 어디에 무덤을 남길 것이냐

김광규, 묘비명(墓碑銘)

2. 논리적 글쓰기: 비교와 평가

문제 제시문 별로 제목을 정하고 핵심 내용을 정리하시오. (각 100자)

〈제시문 가〉

〈제시문 나〉

〈제시문 다〉

2. 논리적 글쓰기: 비교와 평가

문제 답안을 디자인하시오.

200자

400자

600자

67. 인간과 문학에 대하여

2. 논리적 글쓰기: 비교와 평가

[문제 1-1] 인간의 삶과 관련하여 문학이 가지는 가치에 대해 (가)와 (나)의 내용을 통합하여 쓰시오.(200자 내외)

2. 논리적 글쓰기: 비교와 평가

[문제 1-2] [문제 1-1]에서 이해한 문학의 가치가 (다)에서 어떻게 구현되어 있는지 설명하시오. (300자 내외)

2. 논리적 글쓰기: 비교와 평가

(가)

손 흔들고 떠나갈 미련은 없다.
며칠째 청산(靑山)에 와 발을 푸니
흐리던 산(山)길이 잘 보인다.
상수리 열매를 주우며 인가(人家)를 내려다보고
쓰다 둔 편지 구절과 버린 칫솔을 생각한다.
〈중략〉
생목(生木) 울타리엔 들거미줄
맨살 비비는 돌들과 함께 누워
실로 이 세상을 앓아 보지 않은 것들과 함께
잠들고 싶다.

이기철, 청산행

2. 논리적 글쓰기: 비교와 평가

(나)

아리스토텔레스는 이 세상에 존재하는 모든 사물은 자신의 고유한 목적을 지니고 있는데, 이 목적은 각기 고유한 기능을 잘 발휘할 때 달성된다고 보았다. 동물의 기능은 감각과 욕구에 있으므로 감각적인 욕구를 충족할 때 동물의 목적이 달성된다. 사람은 동물의 기능과 더불어 정신의 이성적 활동이라는 특별한 기능을 가진다. 아리스토텔레스는 인간의 기능을 훌륭하게 수행 한다는 것은 바로 이 이성적 활동을 잘 수행하는 것이라고 보았다. 사람의 이성적 활동은 그 활동에 알맞은 행위 규범, 즉 덕을 가지고 수행할 때 더 잘할 수 있다.

2. 논리적 글쓰기: 비교와 평가

(다)

손님이 나에게 말했다. "어제 저녁 한 사내가 몽둥이로 개를 쳐 죽이는 것을 보았는데, 몹시 불쌍하고 마음이 아팠습니다. 그래서 앞으로 개고기나 돼지고기를 먹지 않으려고 합니다."

나는 이렇게 대답하였다. "나는 어제 어떤 사람이 화로에다 이를 던져 태워 죽이는 것을 보았는데, 마음이 아파서 앞으로는 이를 잡지 않겠다고 다짐했습니다." 손님이 놀라서 물었다. "이는 하찮은 미물이 아닙니까? 나는 개처럼 큰 생물을 죽이는 것을 보고 마음이 아파서 말한 것인데, 이런 식으로 대꾸하다니 나를 놀리는 것이 아니오?"

나는 이렇게 대답하였다. "무릇 생명이 있는 존재란, 사람으로부터 시작해서 소, 말, 돼지, 염소, 곤충, 개미, 땅강아지에 이르기까지 삶을 사랑하고 죽음을 싫어하는 마음이 같은 법입니다. 어찌 꼭 큰 생물만이 죽음을 싫어하고 작은 생물은 그렇지 않다고 하겠습니까?"

이규보, 슬견설(蝨犬說)

2. 논리적 글쓰기: 비교와 평가

(라)

데카르트는 정신과 물질을 구분하였다. 이를 자연 탐구에 적용할 때, 인식 주체인 인간은 자연을 대상화하여 자신의 이익과 편의를 위한 정복의 대상으로 여기게 된다. 데카르트에게 가장 확실한 것은 사유하는 주관으로서의 '생각하는 나'이다. 따라서 인간 외부의 자연은 '생각하는 나'를 통해서만 그 실재성을 부여받는다. 근대 경험론자인 베이컨은 "아는 것이 힘이다."라 고 말하면서 인류의 물질적 혜택과 복지를 위하여 자연을 정복하는 데에 있어 지식의 중요성을 강조하였다. 인간이 이성과 경험적 관찰을 통해 자연을 정복하고 활용함에 따라 과학과 문명이 눈부시게 발달했다.

2. 논리적 글쓰기: 비교와 평가

(마)

고통은 사람에게나 다른 동물에게나 똑같이 윤리적으로 고려되어야 하는 손해이다. 고통을 느끼지 않을 동물의 권리를 고려한다면, 우리가 동물을 음식으로 이용하는 것에는 문제가 있다. 북극권에서 전통적인 생활방식으로 살아가는 이누이트는 동물을 먹지 않으면 굶어서 죽기 때문에 그들의 생존이라는 이익이 동물의 손해를 능가한다고 합리적으로 주장할 수 있다. 하지만 우리들 대부분은 이런 방식으로 식단을 옹호할 수 없다. 산업화된 사회의 시민들은 고기를 먹지 않고서도 풍부한 영양을 쉽게 얻을 수 있다. 또한 가축 산업은 운송 산업 전체보다 지구 온난화에 더 크게 기여한다. 따라서 동물의 고기는 그 맛 때문에 먹는 사치품이다. 산업사회에서 육식이 옳은지를 판단하려면 상대적으로 작은 인간의 이익과 먹혀지는 동물의 생명과 복지가 정말 균형을 이루는가를 따져보아야 한다. 육식 반대는 대량생산을 위해 동물의 삶을 비참하게 만들 때 최고조에 이른다.

피터 싱어, 실천윤리학 中

2. 논리적 글쓰기: 비교와 평가

문제 제시문 별로 제목을 정하고 핵심 내용을 정리하시오. (각 100자)

〈제시문 가〉

200자

〈제시문 나〉

400자

〈제시문 다〉

600자

2. 논리적 글쓰기: 비교와 평가

문제 제시문 별로 제목을 정하고 핵심 내용을 정리하시오. (각 100자)

〈제시문 라〉

〈제시문 마〉

2. 논리적 글쓰기: 비교와 평가

문제 답안을 디자인하시오.

200자

400자

600자

2. 논리적 글쓰기: 비교와 평가

[문제 2-1] (가) ~ (라)를 두 입장으로 나누어 차이점을 중심으로 서술하시오. (200자 내외)

2. 논리적 글쓰기: 비교와 평가

[문제 2-2] [문제 2-1]의 두 입장 중 하나를 택하여 (마)에 나타난 견해를 평가 하시오.(300자 내외)

2. 논리적 글쓰기: 비교와 평가

(가)

　예술이란 인간의 감성을 자극하고 확장하는 것이다. 특정 예술 작품에서만 감성적 자극을 받기보다는 항상 반복되는 단순한 일상 자체에서 감성적 자극을 받는 것이 더욱 중요하다. 지금까지 순수 예술은 일상적 삶과 반복적 재생산을 무시하였다. 하지만 진정한 예술은 삶과 유리된 예술 작품을 만드는 것이 아니라 일상과 더불어 존재하는 예술을 만드는 것이다. 그런 점에서 보자면 일상과 항상 밀접하게 결합되어 있는 대중 예술이 결코 천박하거나 저급한 것이 아니라, 오히려 일상의 심미적 기능성을 확장한다고 할 수 있다. 일례로 팝 아트는 대중에게 친숙한 대중문화의 상징들을 예술의 영역으로 끌어들였다. 앤디 워홀은 상업성을 공공연히 표방하며 스스로를 사업 미술가라고 하였고, 자신의 작업실을 공장이라 불렀다. 그는 실크스크린 등 복제생산이 가능한 기법을 활용하고 콜라, 통조림, 영화배우, 가수처럼 일상적인 것을 예술품으로 만들어 일상과 예술의 경계를 허물고 무엇이나 예술이 될 수 있음을 보여 주었다.

조광제, 예술, 인문학과 통하다 中(일부 수정)

2. 논리적 글쓰기: 비교와 평가

(나)

　예술 작품은 원칙적으로 언제나 복제가 가능했다. 도제들은 예술적 수련을 위해 복제를 하였고, 대가들은 작품의 보급을 위해 복제를 하였으며, 제3자는 돈벌이에 혈안이 되어 복제를 하였다. 그러나 기술적 복제는 불가능했다. 하지만 석판 인쇄의 등장과 함께 복제 기술은 새로운 국면으로 접어들었고, 이는 판화술로 이어졌으며, 다시 사진술의 영상 복제 기술로 이어졌다. 이로 인해 1900년 이후에는 전래적인 예술 작품 전체를 복제의 대상으로 만들어 버렸다. 그러나 아무리 완벽한 복제라 하더라도 한 가지 요소가 빠져 있다. 시간과 공간에서 갖는 유일무이한 현존성, 즉 일회적 현존성이다. 결국 대중화된 예술은 일종의 '문화 산업'일 뿐이다. 현대 예술은 자본에 종속되어 문화 산업이 됨에 따라 획일화되었다. 예술 작품을 체험하는 사람은 그것이 자기만의 고유한 체험이라고 느끼지만 그것은 진정한 개성적 체험이 아니다. 하나의 상품으로 전락한 예술 작품을 감상하는 것은 감상자에게 고유한 체험이 아니라 기술 시대의 복제품처럼 표준화된 소비 양식일 뿐이다.

발터 벤야민, 기술 복제 시대의 예술 작품 中(일부 수정)

2. 논리적 글쓰기: 비교와 평가

(다)

예술은 인간의 영혼을 발전시키고 순화하는 데에 이바지해야 한다. 예술은 자기 고유의 형식을 통해 영혼과 교감하는 언어요, 또한 영혼이 이 형식을 통해서만 획득할 수 있는 나날의 양식이다. 영혼과 예술은 서로 소통하며 상호 완성을 한다. 영혼이 물질주의적인 세계관과 불신 등에 의해 마비되고 게을러지는 시대에 예술은 목적 없이 오직 예술을 위해서만 존재한다는 견해가 생겨나기 마련이다. 이럴 때 예술과 영혼의 유대는 반쯤 마비된다. 그러나 그것은 곧 보복을 받는다. 왜냐하면, 예술가와 관람자는 더는 서로 이해를 나누지 못하고, 관람자는 예술가에게 등을 돌리거나 예술가를 마치 표면적인 능숙함과 재능 때문에 경탄하게 되는 마술사처럼 생각하기 때문이다. 이때 예술 작품은 진정한 존재의 가치를 상실한다. 예술과 관람자 사이의 진정한 소통은 관람자의 영혼이 자신의 예술 체험을 특별하게 느낄 때 관람자의 영혼은 고유한 현존성을 획득한다. 이를 통해 결국 관람자의 영혼이 고양되며 모든 속박에서부터 자유롭게 된다.

칸딘스키, 예술에서의 정신적인 것에 대하여 中(일부 수정)

2. 논리적 글쓰기: 비교와 평가

문제 제시문 별로 제목을 정하고 핵심 내용을 정리하시오. (각 100자)

〈제시문 가〉

200자

〈제시문 나〉

400자

〈제시문 다〉

600자

2. 논리적 글쓰기: 비교와 평가

문제 답안을 디자인하시오.

2. 논리적 글쓰기: 비교와 평가

[문제 3-1] (가)와 (나)의 견해 차이를 서술하시오.(200자 내외)

2. 논리적 글쓰기: 비교와 평가

[문제 3-2] (다)를 활용하여 [문제 3-1]의 두 견해 중 하나를 비판하시오. (300자 내외)

3. 주제 토론: 인간과 문학에 대하여

진리와 행복을 향한 열정이 바로 젊음이다.
죽음의 순간까지 그것을 유지하기도 하고
젊은 시절 이미 그것을 잃기도 한다.

〈위 글을 바탕으로 인간과 문학에 대하여 창작하시오.: 사회 비판 관점〉

200자

400자

3. 주제 토론: 인간과 문학에 대하여

사람들에 대한 자신의 우월감이
오랫동안 지속되면
자신을 아직 어리다고 생각하면 된다.
우월함은 오래갈 수 없어 행복의 조건은 아니다.

〈위 글을 바탕으로 인간과 문학에 대하여 창작하시오.: 사회 비판 관점〉

4. 천자문 (67/125)

磻(강이름 반) 溪(시내 계) 伊(사람 이) 尹(다스릴 윤)

문왕은 반계에서 이윤을 만났고

佐(도울 좌) 時(때 시) 阿(언덕 아) 衡(저울 형)

때를 돕는 아형을 만났다.

반계이윤 　　좌시아형

磻溪伊尹 이고 　　佐時阿衡 이라.

일을 이루려면 좋은 사람과의 만남이 전제이다.

[한자 세 번, 뜻 한 번을 쓰시오]

인문고전 추천 67

꿈의 해석 (프로이트)

지그문트 프로이트(1856년~1939년)는 오스트리아의 정신과 의사이자 정신분석학의 창시자이다. 프로이트는 무의식과 억압의 방어 기제에 대한 이론, 그리고 환자와 정신분석자의 대화를 통하여 정신 병리를 치료하는 정신분석학적 임상 치료 방식을 창안한 것으로 매우 유명하다. 또 그는 성욕을 인간 생활에서 주요한 동기 부여의 에너지로 새로이 정의하였으며, 치료 관계에서 감정 전이의 이론, 그리고 꿈을 통해 '무의식적 욕구'를 관찰하는 등 치료 기법으로도 알려져 있다. 뇌성마비를 연구한 초기 신경병 학자이기도 하였다.

신프로이트주의에서 프로이트의 많은 이론을 버리거나 수정하였다. 프로이트의 방법과 관념은 임상 정신 역학의 역사에서 중요한 위치를 차지하고 있다. 그의 생각은 인문 과학과 일부 사회 과학에 계속 영향을 주고 있다.

인문고전 추천 67

꿈의 해석 (프로이트)

프로이트의 정신분석학을 대변하는 가장 대표적인 책이다. 꿈은 우리들이 정상적인 일상생활에서 충족시키지 못한 욕구를 충족시키기 위해 일어나는 것이다. 이러한 충족되지 못한 욕구는 대부분 성적인 것이다. 프로이트는 다양한 꿈의 사례들을 명징한 언어로 분석함으로써 어두운 수면 아래에 잠겨 있던 무의식의 세계를 수면 위로 끌어올리는 혁명적인 역할을 했다.

우선 꿈은 의식되지 않은 것(또는 심층 의식)의 욕구 충족을 의미한다. 다음으로 꿈의 작용 방식은 의식되지 않는 것이 어떻게 작용하는지에 대한 체계적 암시를 보여준다. 프로이트에 의하면 인간의 정신 과정(영혼 과정)은 의식되지 않은 것, 의식되기 이전의 것, 의식된 것 등 세 가지 동적 요소들에 의해서 구성된다. 정신 과정을 엄청나게 큰 빙하 덩어리에 비교할 경우, 물속에 잠긴 가장 큰 부분은 의식되지 않은 것에, 물 위로 나올 듯 말 듯한 중간 부분은 의식되기 이전의 것에, 그리고 물 위에 나와 있는 극히 작은 부분은 의식된 것에 해당한다.

이 책에 등장하는 중요한 주제들은 대략적으로 다음과 같다. 꿈의 욕구 충족 성격, 꿈의 몽환적 성격, 몽환과 꿈에서 마음(정신)의 퇴행 기능, 수면과 운동마비, 꿈에서 전위의 메커니즘, 꿈의 메커니즘과 신경증의 메커니즘 사이의 유사성. 프로이트는 자신의 정신분석학을 확립하기 위해서 이 책과 ≪정신분석학 입문 강의≫ 등에서 정신 과정, 충동적 힘, 에너지 등의 개념을 사용하고, 게다가 쾌락 원리, 현실 원리 등의 개념을 사용하기 때문에 우리들은 그의 정신분석학이 관념론적 색채를 띤다고 착각하기 쉽다. 그러나 프로이트의 정신분석학은 어디까지나 신경생리학과 신경해부학을 기본으로 삼고 있는 유물론적 자연과학이다.

독서 노트 (67)

[꿈의 해석에 흐르는 정신(교훈)에 대하여]

1. 저자
   : 프로이트

2. 도서
   : 꿈의 해석 1~3장

3. 독서노트
   (1) 중요하게 생각하는 열 가지 이야기를 기술하시오. (각 100자)
   (2) 정리한 열 가지 이야기에 흐르는 정신(교훈)을 세 가지로 나누고, 각 이야기를 인용하면서 꿈의 해석 (1~3장)에 흐르는 세 가지 정신(교훈)에 대하여 설명하시오. (각 300자)

4. 기간
   : 2주

독서노트

(1) 중요하게 생각하는 열 가지 이야기를 기술하시오. (각 100자)

1.

2.

200자

3.

4.

400자

5.

600자

독서노트

(1) 중요하게 생각하는 열 가지 이야기를 기술하시오. (각 100자)

6.

7.

8.

9.

10.

독서노트

(2) 정리한 열 가지 이야기에 흐르는 정신(교훈)을 세 가지로 나누고, 각 이야기를 인용하면서 꿈의 정신(1~3장)에 흐르는 세 가지 정신(교훈)에 대하여 설명하시오. (각 300자)

1.

200자

2.

400자

600자

독서노트

(2) 정리한 열 가지 이야기에 흐르는 정신(교훈)을 세 가지로 나누고, 각 이야기를 인용하면서 꿈의 정신(1~3장)에 흐르는 세 가지 정신(교훈)에 대하여 설명하시오. (각 300자)

3.

Summary

1. 나에 대하여

　: 문학의 역할에 대하여 자신의 생각을 논리적으로 기술하시오.

2. 논리적 글쓰기

　　: 비교와 평가

3. 주제 토론

　: 인간과 문학에 대하여

4. 천자문

5. 독서 노트

　: 꿈의 해석 (프로이트) 1~3장

인간과 문학에 대하여

✿ 67. 인간과 문학에 대하여 자신의 생각을 종합하시오.

68. 인간과 예술에 대하여

예술이란 무엇인가?

68. 인간과 예술에 대하여

1. 나에 대하여

문제 예술을 세 가지로 나누어 분류하고 이를 종합하여 구체적으로 정의하시오. (400자)

2. 논리적 글쓰기: 비교와 관점

[문제 1] 제시문 [가]에 나타난 인간의 특징을 서술하고, 이를 토대로 [나]의 창작 활동의 의의를 밝히시오. (글자수: 제한 없음)

[문제 2] 제시문 [다]와 [라]의 두 작품에서 보이는 예술 세계의 공통점과 차이점을 서술하시오. (글자수: 제한 없음)

[문제 3] 제시문 [마]의 화자의 관점으로 [바]에 대해 논하시오.

이화여대

2. 논리적 글쓰기: 비교와 관점

(가)

"인간이 천사를 만난다면 그 천사를 향해 인간은 무엇을 자랑할 수 있을까?" 라이너 마리아 릴케가 두이노의 비가의 한 대목에서 던지고 있는 질문이다. 시인의 이 질문은 인간에 관한 인문학의 어떤 질문보다도 상큼하고 날쌘하다. 인간은 천사가 아니고 천사는 인간이 아니다. 인간이 아니기 때문에 천사가 할 수 없는 일, 그러니까 인간만이 할 수 있는 일, 그것이 인간의 자랑거리다.

천사가 그리워하면서도 결코 하지 못하는 일이 하나 있다. 그것은 죽는 일, 곧 유한성의 경험이다. 인간은 자신의 유한성을 알고 자신의 죽음을 얘기하는 유일한 동물이다. 인간은 유한성의 존재이면서 유한성 너머의 세계를 상상하고 미래를 계획하며 기억과 상상을 용접한다. "다음 생에 태어나 내가 다시 산다면"과 같은 재탄생의 상상력은, 물론 불가능한 것에 대한 상상이다. 그러나 중요한 것은 알 수 없는 미래를 향한 그 상상력이 과거의 기억, 혹은 지나간 삶에 대한 성찰과 결합해 있다는 점이다. 기억과 상상의 이런 접합은 인간이 처한 유한한 조건으로부터 나오고, 그 조건 때문에 가능하다. 게다가 그 연속의 상상력 속에서 새로운 삶의 방식은 유한성을 거부하는 것이 아니라 오히려 확인한다. 천사에게라면 이런 성찰과 상상은 필요하지 않다.

기억과 사유, 상상과 표현은 인간을 인간이게 하는 독특한 능력들의 목록을 대표한다. 인간이 천사를 향해 자랑할 것도 결국은 그 네 가지 능력으로 집약된다. 인간은 기억하고 생각하고 상상하고 표현하는 존재이다. 그 네 가지 능력의 어느 것도 완벽하지 않다. 기억

2. 논리적 글쓰기: 비교와 관점

은 수많은 구멍들을 갖고 있고 사유는 불안하다. 상상은 기억과 사유의 한계를 확장하지만 유한한 경험의 울타리를 아주 벗어날 수 있는 것은 아니다. 표현의 형식과 내용도 시간성에 종속된다. 그러나 기억, 사유, 상상, 표현의 인간적 시도들은 그것들이 지닌 한계 때문에 무용해지는 것이 아니라 유한한 것들만이 가지는 순간적 아름다움의 광채를 포착하고 표현하기 때문에 위대하다. 기억이 완벽할 수 있다면 아무도 기억하기 위해 애쓰지 않을 것이며, 사유가 완전할 수 있다면 아무도 사유의 엄밀성을 이상화하지 않을 것이다. 지식의 한계 때문에 상상은 위대해지고, 표현할 수 없는 것들에 대한 도전 때문에 표현은 아름다워진다.

2. 논리적 글쓰기: 비교와 관점

(나)

　영상을 녹화하고 재생하는 비디오 기술은 이제 '비디오크라시'라는 말까지 등장할 정도로 우리 생활에 밀접한 영향을 주고 있다. 그 비디오를 발명한 것은 미국인이었고, 그것을 가전제품으로 만들어 상업화한 것은 일본이었다. 하지만 그 비디오를 예술로 만든 것은 바로 한국인 백남준이다. '남준 파이크(Nam June Paik)'로 통하는 그는 비디오 아트의 창시자로 현대의 레오나르도 다빈치로 불린다.

　과장이 아니다. 레오나르도 다빈치처럼 예술과 기술의 두 세계를 넘나들면서 새 지평을 연 예술가가 백남준이다. 분야와 기법만이 아니다. 부처를 텔레비전 앞에 앉혀 놓은 그의 기발하고 폭넓은 창조성은 동과 서를 가로막고 있는 문명의 벽을 훌쩍 뛰어넘는다. 비디오 기술과 통신 위성을 이용한 공연인 「바이 바이 키플링」은 위성 매체를 이용해 대한민국, 일본, 유럽 등 세계 곳곳에서 동시다발적으로 일어나는 사건을 하나의 화면에 병치하여 '동양은 동양, 서양은 서양'이라고 노래한 키플링의 주장에 반박한다.

　공간만이 아니다. 달을 가장 오래된 텔레비전이라고 말한 그는 실제로 텔레비전 모니터로 이태백이 놀던 달 모양과 그 달빛을 만들어 낸다. 그러한 시도는 멈추지를 않는다. 비어 있는 텔레비전 상자 안에 양초를 넣거나 자석으로 그 화상을 일그러뜨려 텔레비전 상자의 개념을 바꿔 버린다.

　사실 백남준의 비디오 아트가 나오기 전까지 모든 인간은 텔레비전 상자 앞에 앉아서 일방적으로 화면을 바라보기만 했다. 그런데 그가 텔레비전 모니터를 쌓아 사람이나 로봇 모양을 만드는 순간 지

2. 논리적 글쓰기: 비교와 관점

금까지의 텔레비전 화면(畫面)은 안면(顔面)으로 바뀐다. 우리는 '매체'가 인간이 되는 해학적이면서도 언짢은 문명을 본다.

시인이 언어로 시를 쓰듯이 백남준은 텔레비전 모니터와 비디오 그리고 그밖에 모든 도구를 통해 시와 소설을 쓰고 드라마를 연출한다. 습관의 때와 판에 박힌 고정 관념을 부수고 해체하여 그 파편들을 모아 인간의 현실을 재구성한다. 그래서 그의 작업실은 고물상 창고와 다를 것이 없다. 현대 문명의 쓰레기 고물들을 융합하여 우주를 만들어 낸 그의 열정과 뒷심은 대체 어디에서 나온 것일까.

2. 논리적 글쓰기: 비교와 관점

문제 제시문 별로 제목을 정하고 핵심 내용을 정리하시오. (각 100자)

〈제시문 가〉

200자

〈제시문 나〉

400자

600자

68. 인간과 예술에 대하여

2. 논리적 글쓰기: 비교와 관점

문제 답안을 디자인하시오.

2. 논리적 글쓰기: 비교와 관점

[문제 1] 제시문 [가]에 나타난 인간의 특징을 서술하고, 이를 토대로 [나]의 창작 활동의 의의를 밝히시오. (글자수: 제한 없음)

2. 논리적 글쓰기: 비교와 관점

[문제 1] 제시문 [가]에 나타난 인간의 특징을 서술하고, 이를 토대로 [나]의 창작 활동의 의의를 밝히시오. (글자수: 제한 없음)

2. 논리적 글쓰기: 비교와 관점

(다)

 레오나르도 다빈치는 열정으로 가득 차서 쓴 자신의 글에서, 소우주와 대우주 사이의 유사성에 천착했던 르네상스의 시대정신에 따라 회화에서 대지를 표현하는 것과 인간의 몸을 표현하는 것이 얼마나 유사한 것인지를 다음과 같이 밝히고 있다. "고대인들은 인간의 몸을 세계의 축소판이라고 불렀는데, 이는 매우 정확한 표현이다. 인간의 몸이 흙과 물, 그리고 불로 이루어져 있는 이상 그것은 대지를 닮았다고 할 수 있다."「모나리자」에서는 신비로운 유려함을 통해 풍경과 인물이 하나가 되고 있는데, 이는 "모든 것은 자신이 아닌 다른 무엇에서부터 비롯된 것이므로, 세상의 어떤 것이든 다른 것으로 바뀔 수 있다."라는 레오나르도의 확신과 일맥상통한다. 묘하게도 작품 속의 공간들은 하나로 일치되어 있는 것 같이 보이는데, 한 예로 이 작품을 보는 이는 그림 속 여인이 앉아 있는 의자를 쉽게 알아볼 수 없을 것이다. 레오나르도는 르네상스 화가들이 좋아했던 단선적인 원근법을 버리고, 그 자신이 '공기 중의 원근법'이라고 불렀던 독특한 투시법을 사용했다. 즉 경계선을 흐릿하게 하고 밝은 색을 사용함으로써 작품 속의 공간이 뒤로 물러나는 듯한 환상이 들게 한 것이다. 인물과 배경의 일체감은 레오나르도만의 독창적인 회화 방식에 의해 가능해졌다. 레오나르도 자신이 즐겨 사용했던 '스푸마토(sfumato)'라는 말은 이탈리아어로 '흐릿한' 혹은 '자욱한'이란 뜻으로, 특별한 명암법, 즉 밝은 톤에서 점차 어두운 톤으로 변화시키면서 분명하지 않은 색을 제한적으로 사용해서 경계를 없애는 방법이다. 이 방법을 사용하면 사실상 그림에서 선을 찾아볼 수 없게 된다. 15세기 유화의 도입 덕택에 가능해진 이 방식은 레오나르도에

2. 논리적 글쓰기: 비교와 관점

(다)

의해 한층 더 발전하게 된다. 그는 "경계선은 사물에 있어서 가장 중요하지 않은 부분이다……. 화가여! 뚜렷한 선으로 대상의 경계를 짓지 마시라."라고 말했다. 「모나리자」가 그 유명한 표정의 모호함과 유동성을 가질 수 있었던 것도 눈이나 입 주변에서 딱딱한 경계를 지우는 방식으로 그림을 그렸기 때문이다.

2. 논리적 글쓰기: 비교와 관점

(라)

「몽유도원도」에는 우리 옛 그림의 원근법이 갖는 장점이 잘 드러나 있다. 작품을 보면, 첫째, 깎아지른 높은 산을 아래서 위로 치켜다 본 시각(고원법)이 있고, 둘째, 엇비슷한 높이에서 뒷산을 깊게 비껴 본 시각(심원법)이 있고, 셋째, 높은 곳에서 아래쪽을 폭넓게 조망한 시각(평원법)도 있다. 그런데 옛 그림의 삼원법, 즉 고원, 심원, 평원의 다양한 시각이 어떻게 「몽유도원도」라는 한 화면 속에 무리 없이 소화되고 있는가? 그 점을 눈여겨보는 것이 사실 옛 산수화를 보는 큰 재미의 하나이다. 얼핏 생각하기에 하나의 시점이 아니라 다양한 시각이 뒤섞여 있으니 작품 전체가 매우 이상하게 보임 직한데, 오히려 옛 산수화를 보면 마음이 평온하기 그지없다. 작품을 보고 있노라면 보는 이의 시선은 그려진 대상의 제각각의 형상을 따라 끊임없이 이곳에서 저곳으로 떠돌며 옮겨 다니게 된다. 이를테면 깎아 세운 절벽은 아래쪽에서 쳐다보는 느낌을 주고, 넓은 평원은 자신이 그림 속의 높은 곳에 올라서 있는 느낌을 갖게 한다. 실제의 자연이 그렇듯이 작품 속의 산수가 여기저기 발걸음을 옮겨 놓을 수 있는 살아 있는 공간이 되는 것이다.

서양 입체파의 선구자인 피카소가 사물을 보는 자유롭고도 상상력 넘치는 시각을 이용해서 복합적인 화면을 구성함으로써 서양 회화사에 새로운 경지를 열었다는 사실은 누구나 알고 있다. 그러나 피카소의 작품은 종종 형상을 너무나 무리하게 왜곡하여 보는 이에게 대상의 객관성을 배제하고 주관 속의 일그러진 인상만을 보여 준다. 여기서 오는 어리둥절함을 신선하고 자극적이라고 평가하는 시각도 있지만, 우리 한국인에게는 아무래도 어딘가 편하지 않고 좀

2. 논리적 글쓰기: 비교와 관점

지나치다 싶은 개운치 않은 뒷맛을 남긴다. 나는 진정한 입체파의 모범은 오히려 우리의 옛 산수 그림이라고 생각한다. 그것은 규모도 훨씬 크거니와 결코 자연의 사실성을 희생하거나 파괴하여 화가의 개인의식 속으로 환원 또는 침몰케 하는 극단적인 방법을 쓰지 않는다. 자연이라는 대상이 살아 있고, 그 대상에 반응하는 인간도 자연과 함께 존재하는 중용적인 세계관, 그것이 옛 그림 속의 삼원법이 재현하고자 하는 바이다. 그리하여 옛 그림 속의 산수는 보는 이로 하여금 대자연의 정기를 속속들이 추체험하게 하면서 보는 이의 마음에 크나큰 위안을 주는 것이다.

2. 논리적 글쓰기: 비교와 관점

문제 제시문 별로 제목을 정하고 핵심 내용을 정리하시오. (각 100자)

제시문 다〉

200자

제시문 라〉

400자

600자

2. 논리적 글쓰기: 비교와 관점

문제 답안을 디자인하시오.

2. 논리적 글쓰기: 비교와 관점

[문제 2] 제시문 [다]와 [라]의 두 작품에서 보이는 예술 세계의 공통점과 차이점을 서술하시오. (글자수: 제한 없음)

2. 논리적 글쓰기: 비교와 관점

[문제 2] 제시문 [다]와 [라]의 두 작품에서 보이는 예술 세계의 공통점과 차이점을 서술하시오. (글자수: 제한 없음)

2. 논리적 글쓰기: 비교와 관점

(마)

우리 집 동산에 복숭아나무가 있는데, 꽃빛은 보잘것없고 열매는 맛이 없고 가지도 부스럼이 나서 썩거나 잔가지가 한꺼번에 뻗어 나와서 볼 것이 없었다. 지난봄에 이웃에 사는 박 씨 성을 가진 사람의 손을 빌려서 홍도(紅桃) 가지를 접붙였다. 그런데 그 꽃이 아름답고 열매도 아주 굵었다.

나는 처음 한창 자라나고 있는 나무를 베어 내 버리고 작은 가지 하나에다 접목하는 것을 보고서 이것은 이치에 어긋나는 일이라고 생각하였다. 그러나 그 뒤로 매일 밤마다 싹이 나고 비와 이슬에 자라서 눈이 트고 가지가 쭉쭉 뻗어 나갔다. 얼마 되지 않아서 울창하게 그늘을 이룰 만큼 자라나게 되었다. 금년 봄에 꽃과 잎이 많이 피고 붉고 파란 비단처럼 휘황찬란한 빛이 참으로 보기 드문 아름다운 경치였다.

아, 하나의 복숭아나무로 땅에서 흙을 바꾸지도 않고 뿌리를 파서 고쳐 심지도 않았다. 다만 접목으로 얻은 한 가닥 기운으로 줄기가 되고 가지가 되고 꽃다운 꽃이 밖으로 피어나서 얼굴빛이 전혀 딴 것으로 변하여 보는 사람으로 하여금 눈을 닦고 다시 보게 하고 지나가는 자가 많아서 새로 길이 나게 되었다. 이런 기술을 가진 자는 그 조화의 기묘한 것을 아는 이라고 하겠다. 기이하고 기이하구나.

2. 논리적 글쓰기: 비교와 관점

(바)

Ever since comics first appeared, there have been people who have criticized them. In the 1940s and 50s, many people believed that comics were immoral and that they caused bad behavior among young people. Even today, many argue that reading comics encourages bad reading habits. However, some educators nowadays see comics as a way to get teenagers to choose reading instead of watching television or playing video games. And because of the art, a number of educators have argued that comics are a great way to get children to think creatively. More recent research has suggested that the combination of visuals and text in comics may be one reason young people handle computers and related software so easily.

Professor Carol Tilley of Illinois University said that children benefit from reading them as much as they do from reading other kinds of books. She said, "A lot of the criticisms of comics come from people who think that kids are just looking at pictures and not putting them together with the words. But you could easily make some of the same criticisms of picture books that kids are just looking at pictures, and not at the words. Although they've long accepted picture books as appropriate children's literature, many adults quickly dismiss the usefulness of comics as books for young readers. Any book can be good and any book can be bad, to some extent. It's up to the reader's personality and ability. As a whole, comics are just another medium. And if you really consider how the pictures and

2. 논리적 글쓰기: 비교와 관점

words work together to tell a story, you can make the case that comics are just as complex as any other kind of literature." In fact, the combination of the pictures and words in comics can open up a new way of thinking.

2. 논리적 글쓰기: 비교와 관점

문제 제시문 별로 제목을 정하고 핵심 내용을 정리하시오. (각 100자)

〈제시문 마〉

〈제시문 바〉

2. 논리적 글쓰기: 비교와 관점

문제 답안을 디자인하시오.

200자

400자

600자

2. 논리적 글쓰기: 비교와 관점

[문제 3] 제시문 [마]의 화자의 관점으로 [바]에 대해 논하시오. (글자수: 제한 없음)

2. 논리적 글쓰기: 비교와 관점

[문제 3] 제시문 [마]의 화자의 관점으로 [바]에 대해 논하시오. (글자수: 제한 없음)

3. 주제 토론: 인간과 예술에 대하여

행복은 경쾌함과 밝음이다.
주인 없는 황금으로 가득한 어두운 동굴에서
정체 모를 그림자와 다투다 보면
동굴 밖 연녹색 세상에 눈 돌릴 틈이 없다.

〈위 글을 바탕으로 인간과 예술에 대하여 창작하시오: 사회 비판 관점〉

4. 천자문 (68/125)

奄(오랠 엄) 宅(집 택) 曲(굽을 곡) 阜(언덕 부)

경치 좋은 굽은 언덕에 집을 세울 때는

微(정교할 미) 旦(모양 단) 孰(익을 숙) 營(경영 영)

정교하고 충실한 모습으로 지어야 한다.

　　　　엄택곡부　　　　미단숙영

　　　奄宅 曲阜 이고　　微旦孰營 이라.

자연과 조화를 이루도록 하는 것이 바로 예술이다.

[한자 세 번, 뜻 한 번을 쓰시오]

인문고전 추천 68

존재와 무 (사르트르)

장 폴 사르트르(1905~1980년)는 실존주의 사상을 대표하는 프랑스의 작가이자 철학자이다. 그가 왕성하게 활동하던 시기인 1945년부터 1970년대 말까지 프랑스의 지식인들과 정치계에 있어 큰 영향을 끼쳤다.

철학서는 물론, 소설, 연극, 영화시나리오, 문학비평, 정치평론 등 다양한 글을 쓴 작가이며, 잡지 〈현대Les Temps modernes〉 (1945)의 창간자이자 편집장이기도 한 사르트르는 1950년대 프랑스 공산당과 매우 가까이 지냈고, 이후로는 레닌주의 사상을 가진 당대 좌파와, 1970년대에는 특히 마오이스트와의 관련성을 띤, 정치 참여적인 문학과 철학 작품들로 유명하다.

사르트르의 작품은 〈존재와 무〉 (1943), 〈실존주의는 휴머니즘이다〉(1946)과 〈변증법적 이성 비판〉(1960)같은 당대 깊은 영향을 준 철학 저술이 있으며, 소설로는 〈벽〉, 〈구토〉, 〈자유의 길〉 등이 있다.

사르트르는 자신의 어린 시절에서 열한 살 때까지의 자신의 삶을 그려낸 자서전 〈말〉(1964)을 발표하고 그해 노벨 문학상 수상자로 선정 되었으나 수상을 거절한 것으로 유명하다. 그는 신문 〈리베라시옹〉 창간에도 기여했는데, 신문 발행을 광고하고자 본인이 직접 길가에서 그 신문을 팔기까지 했다.

인문고전 추천 68

존재와 무 (사르트르)

《존재와 무》는 프랑스의 철학자 사르트르가 1943년 출판한 책이다. 사르트르의 주된 목적은 개인의 존재에 앞서 개인의 실존을 주장하는 것이다. 이 책을 작성하면서 최우선적으로 염두에 둔 것은 자유가 존재한다는 것이다.

1940년과 1941년에 전쟁 포로로 억류되어 있던 시절 사르트르는 마르틴 하이데거의 《존재와 시간》을 읽고 자기 자신만의 사유를 전개하였다. 하이데거의 영향을 받았음에도 사르트르는 하이데거의 존재와의 가설적인 재조우와 비교하여 인간성(humanity)이 개인적인 성취의 상태를 달성할 수 있다는 방법에 회의적이었다.

사르트르의 주장에서 인간은 많은 종교와 철학자가 신과 동일시한 "완결"의 환상에 시달리는 피조물이다. 자신의 몸이라는 물리적 실체로 태어나 물질적 우주에서 우리는 우리 자신이 존재에 끼워진 것을 인식한다. 의식은 가능성을 개념화하고 나타나게 하며, 폐기하는 능력이다.

서론
1부. 무의 문제
2부. 대자존재
3부. 대타존재
4부. 가지다, 하다, 있다

독서 노트 (68)

[존재와 무에 흐르는 정신(교훈)에 대하여]

1. 저자
    : 사르트르

2. 도서
    : 존재와 무 – 서론, 1부 무의 문제

3. 독서노트
    (1) 중요하게 생각하는 열 가지 이야기를 기술하시오. (각 100자)
    (2) 정리한 열 가지 이야기에 흐르는 정신(교훈)을 세 가지로 나누고, 각 이야기를 인용하면서 존재와 무에 흐르는 세 가지 정신(교훈)에 대하여 설명하시오. (각 300자)

4. 기간
    : 2주

독서노트

(1) 중요하게 생각하는 열 가지 이야기를 기술하시오. (각 100자)

1.

2.

200자

3.

4.

400자

5.

600자

68. 인간과 예술에 대하여

독서노트

(1) 중요하게 생각하는 열 가지 이야기를 기술하시오. (각 100자)

6.

7.

8.

9.

10.

독서노트

(2) 정리한 열 가지 이야기에 흐르는 정신(교훈)을 세 가지로 나누고, 각 이야기를 인용하면서 존재와 무에 흐르는 세 가지 정신(교훈)에 대하여 설명하시오. (각 300자)

1.

200자

2.

400자

600자

독서노트

(2) 정리한 열 가지 이야기에 흐르는 정신(교훈)을 세 가지로 나누고, 각 이야기를 인용하면서 존재와 무에 흐르는 세 가지 정신(교훈)에 대하여 설명하시오. (각 300자)

3.

Summary

1. 나에 대하여

　: 예술을 세 가지로 나누어 분류하고 이를 종합하여 구체적으로 정의하시오.

2. 논리적 글쓰기

　: 비교와 관점

3. 주제 토론

　: 인간과 예술에 대하여

4. 천자문

5. 독서 노트

　: 존재와 무 (사르트르)

인간과 예술에 대하여

✿ 68. 인간과 예술에 대하여 자신의 생각을 종합하시오.

69. 인간과 리더에 대하여

진정한 리더의 조건은 무엇인가?

69. 인간과 리더에 대하여

✿

✿

1. 나에 대하여

문제 나는 어떤 종류의 리더십을 가지고 있는지 예를 들어 가면서 설명하시오. (400자)

200자

400자

2. 논리적 글쓰기: 분류와 평가

[문제 1] (가)~(마)는 리더십 유형에 관한 글이다. 제시문들을 두 유형으로 분류하고 각 제시문을 요약하시오. (400자)

[문제 2] (바)에 나타난 스키피오의 리더십을 (가)의 정치인 A의 리더십과 비교, 평가하시오. (500자)

[문제 3] [문제 1]의 두 리더십 유형을 활용하여, 아래 ①의 A 기업의 초기 성장에 동력이 되었던 리더십과 향후 지속적 발전을 위한 적절한 리더십을 아래 ②와 제시문들을 활용하여 추론하시오. (600자)

외대

2. 논리적 글쓰기: 분류와 평가

(가)

정치인 A씨는 장관 시절에 국장급 이상 인사만을 자신이 결정하고, 그 이하의 인사는 국장단에게 전권을 위임했다. 국장들이 필요한 직원들을 알아서 스카우트하거나 트레이드하도록 한 것이다. 그는 조직의 자율성을 높이기 위해 부하 직원들에게 권한을 부여하고 결과에 책임을 지도록 하는 이른바 권한 위임형 리더십을 발휘했다. 이런 맥락에서 참모들에게 "시키는 일만 하지 말고, 자신이 최고 책임자인 것처럼 종합적으로 생각해 판단하라"고 늘 주문했다. 새로운 시도를 해보다가 실패한 사람에 대해선 책임을 묻지 않는 편이었다. 대신에 게으르거나 보신주의적 자세를 보이는 사람에겐 "젊은 사람이 왜 그 모양이냐"며 화를 내곤 했다.

다른 한편으로, 그는 조직의 명운이 걸린 중요한 사안에는 격을 따지지 않고 직접 팔을 걷어 부치고 달라붙곤 했다. 재직 당시 부처 산하 공기업의 공적자금 지원문제를 놓고 경제부처와 이견이 발생하자, 주위의 만류를 무릅쓰고 경제부처 실무자와 직접 만나 몇 시간씩 토론을 벌인 끝에 의견을 관철시킨 일화는 유명하다. 사람들은 지금까지도 그를 성공적으로 업무를 수행한 장관으로 기억한다.

한겨레신문(2002.01.30.)에서 재구성

2. 논리적 글쓰기: 분류와 평가

(나)

　세계 최대 온라인 서점 아마존(Amazon)의 최고경영자이자 회장인 제프 베조스(Jeff Bezos)는 카리스마, 탁월한 사업 능력, 과감하고 혁신적인 아이디어로 잘 알려져 있다. 그는 강인한 추진력과 목표 의식으로 원하는 바를 이뤄낸다. 베조스의 탁월한 전문성과 전자상거래 산업의 성장에 미친 영향력은 많은 이에게 영감을 준다. 그러나 베조스와 함께 일하기란 결코 쉬운 일이 아니다. 그는 '우두머리 수컷(alpha male)'으로 묘사되는 지시형 리더의 전형이다. 그는 자신의 생각대로만 일을 추진하며, 빈틈없는 성과중심주의자로 평가된다.

　이러한 지시형 리더십의 특징은 높은 성과를 이루어내기 위해 부하 직원에게 업무 목표를 제시하고, 업무 처리 방법을 지시한다는 점이다. 또한 효율적인 업무 완성에 필요한 계획도 세워주고, 수립된 목표를 달성하지 못할 경우 책임을 추궁하기도 한다.

- 이코노미조선(2016.07.18.)에서 재구성

2. 논리적 글쓰기: 분류와 평가

(다)

한나라를 개국한 고조 유방은 한신, 장량, 소하 등 기라성 같은 인재들을 모아 초나라를 이길 수 있었던 결정적인 요인을 다음과 같이 정리했다.

"본영에서 지략을 짜고 천 리 밖에서 승리를 결정하는 점에서 나[유방]는 장량에 미치지 못한다. 그리고 내정의 충실, 민생의 안전, 군량의 조달, 보급로의 확보라는 점에서 나는 소하에 미치지 못한다. 아울러 백만이나 되는 대군을 자유자재로 지휘하며 승리를 거둔다는 점에서 나는 한신에 미치지 못한다. 이 세 사람은 모두 나를 능가하는 걸물들이라 할 것이다. 하지만 나는 그 걸물들을 적절하게 기용할 줄 알았다. 이것이야말로 내가 천하를 얻은 이유이다. 그러나 항우에게는 범증이라는 걸물이 있었지만 그는 이 한 사람조차도 잘 활용하지 못했다. 이것이 바로 내가 이긴 이유이다."

유방은 조직을 운영함에 있어 첫째, 부하가 하는 말을 주의 깊게 경청할 줄 알았으며, 둘째, 부하를 적재적소에 배치하여 잘 운용할 줄 알았고, 셋째, 부하들에게 권한을 적극적으로 위임했다. 그는 조직 내 어려운 문제가 발생하면 부하들의 의견을 구하고, 진행 과정에서는 그들 스스로 결단을 내리게 했고, 그 결과 부하들은 강한 참여의식을 갖게 되었다. 이러한 유방의 리더십 덕에 한나라는 전쟁에서 승리할 수 있었다.

-강관수, 「역사와 위인에게 배우는 리더십」에서 재구성

2. 논리적 글쓰기: 분류와 평가

(라)

2. 논리적 글쓰기: 분류와 평가

(마)

The Kyocera Group produces semi-conductors and copiers as well as parts for electronics, cars and medical equipments in Japan and overseas. Its annual sales amounted to about 15 trillion won last year. Kazuo Inamori, the honorary chairman of Kyocera, is respected as Japan's "Living God of Business Management." He claims that "corporate management is not about advancing know-how and technology, but about pursuing human-centered principles that contain values of concern for others and employees' happiness." Inamori has empowered* his employees to achieve participative management by providing them with an environment where they can make important management decisions on their own. In this autonomous** atmosphere, employees have been able to demonstrate a higher level of efficiency and creativity. It is time to recall an old saying: "Hire only those you can trust, trust fully those you did hire."

* empower: 권한을 위임하다   ** autonomous: 자율적인

– 중앙일보(2015.10.01.)에서 재구성

2. 논리적 글쓰기: 분류와 평가

(바)

군주는 군대를 통솔하고 많은 병력을 지휘할 때, 거칠다는 평판 쯤은 개의치 말아야 한다. 왜냐하면 군대란 그 지도자가 거칠다고 생각되지 않으면 군사 작전에 적합하게 단결하거나 만반의 태도를 갖추지 못하기 때문이다. 〈중략〉

스키피오는 당대는 물론 후대에도 매우 훌륭한 인물로 평가되고 있다. 하지만 그의 군대는 스페인에서 그에게 반란을 일으켰다. 그 유일한 이유는 그가 너무나 온정적이어서 병사들에게 필요 이상의 자유를 허락했기 때문이었다. 이로 인해서 파비우스 막시무스는 로마 군대를 부패시킨 장본인이라는 이유로 스키피오를 원로원에 탄핵한 바 있다. 또한 스키피오는 자신이 임명한 지방 장관이 로크리스 지역의 주민들을 약탈했을 때 주민들을 구제하지 않았고, 그 오만한 지방 장관을 처벌하지도 않았다.

『고등학교 독서와 문법』

2. 논리적 글쓰기: 분류와 평가

문제 제시문 별로 제목을 정하고 핵심 내용을 정리하시오. (각 100자)

제시문 가〉

200자

제시문 나〉

400자

제시문 다〉

600자

2. 논리적 글쓰기: 분류와 평가

문제 제시문 별로 제목을 정하고 핵심 내용을 정리하시오. (각 100자)

〈제시문 라〉

〈제시문 마〉

〈제시문 바〉

2. 논리적 글쓰기: 분류와 평가

문제 답안을 디자인하시오.

200자

400자

600자

2. 논리적 글쓰기: 분류와 평가

[문제 1] (가)~(마)는 리더십 유형에 관한 글이다. 제시문들을 두 유형으로 분류하고 각 제시문을 요약하시오. (400자)

2. 논리적 글쓰기: 분류와 평가

[문제 2] (바)에 나타난 스키피오의 리더십을 (가)의 정치인 A의 리더십과 비교, 평가하시오. (500자)

2. 논리적 글쓰기: 분류와 평가

(사)

① 한국 경제는 1970년대 원유 파동뿐만 아니라 그 이후에도 위기 때마다 이를 슬기롭게 극복하였다. 이른바 '창업 1세대'들을 비롯한 우리 기업가들은 남다른 위기 대처 능력을 발휘함으로써 위기를 기회로 활용해 훗날 우리 기업들이 세계적 기업으로 성장할 수 있는 토대를 마련하였다. 우리 기업들의 위기 극복 저력은 아마도 우리 기업가들에게만 찾아볼 수 있는 남다른 유전자, 즉 어려운 환경에서도 도전해 반드시 이루어 내겠다는 불굴의 기업가 정신에서 비롯되었다고 볼 수 있다.

2000년대 초반부터 온라인 쇼핑몰, 게임 및 앱 제작 등과 같은 업종에 다양한 스타트업(startup)이 등장하고 있다. A 기업은 2001년에 참신한 디자인과 개성 있는 감성을 중시하는 인터넷 쇼핑몰로 출발하였다. 창업 당시 다섯 명의 대학 동기로 이루어진 A 기업은 열린 소통을 강조하고 각각의 구성원들이 스스로 조직에 필요한 일을 찾아 자율적인 방식으로 업무를 진행할 수 있도록 독려하는 대표의 리더십 하에 급격하게 성장하였다.

이후 고객의 다양한 요구에 부응하기 위해 많은 부서가 신설되었고, 신입 직원들이 채용되었다. 그러나 이러한 조직의 성장으로 조직 내의 효과적인 의사소통과 정확하고 신속한 업무처리에 한계가 나타났고, 구성원들은 무엇을 어떻게 해야 할지 몰라 혼란에 빠지게 되었다. 그 결과 급격히 증가한 주문과 고객 불만을 효율적으로 처리하지 못하는 매우 어려운 상황이 발생했다.

- 『고등학교 경제』에서 재구성

2. 논리적 글쓰기: 분류와 평가

(사)

② 전통적인 리더십 연구들은 특성론과 행동론에 중점을 두었다. 특성론과 행동론에 따르면 리더십의 효과성은 리더의 특성이나 행동패턴에 기인하며, 모든 상황에 적용 가능한 보편적인 리더십 스타일이 존재한다. 그러나 이후 다양한 사례 연구를 통해 효과적인 조직구조나 관리방법은 환경 등의 상황요인에 따라 다를 수 있다는 것이 밝혀졌다. 즉, 처한 상황에 따라 리더십의 효과성이 다를 수 있다는 주장이 가능하게 된 것이다.

『두산백과』에서 재구성

2. 논리적 글쓰기: 분류와 평가

문제 제시문 별로 제목을 정하고 핵심 내용을 정리하시오. (각 100자)

〈제시문 사 - ①〉

〈제시문 사 - ②〉

2. 논리적 글쓰기: 분류와 평가

문제 답안을 디자인하시오.

200자

400자

600자

2. 논리적 글쓰기: 분류와 평가

[문제 3] [문제 1]의 두 리더십 유형을 활용하여, 제시문 (사) ①의 A 기업의 초기 성장에 동력이 되었던 리더십과 향후 지속적 발전을 위한 적절한 리더십을 제시문 (사) ②와 다른 제시문들을 활용하여 추론하시오. (600자)

3. 주제 토론: 인간과 리더에 대하여

모두 변해가는 이 세상에서
변하지 않는 모습만으로도
당신은 이미 충분히 고귀하다.

〈위 글을 바탕으로 인간과 리더에 대하여 창작하시오: 사회 비판 관점〉

4. 천자문 (69/125)

桓(굳셀 환) 公(공정할 공) 匡(바를 광) 合(모을 합)
굳세고 공정하고 바르게 힘을 모으면

濟(도울 제) 弱(약할 약) 扶(도울 부) 傾(기울 경)
약한 나라를 구제하고 제신을 도울 것이다.

환공광합   제약부경

桓公匡合 이고   濟弱扶傾 이라.

굳세고 바르고 공정함이 리더의 제일 조건이다.

[한자 세 번, 뜻 한 번을 쓰시오]

인문고전 추천 69

존재와 무 (사르트르)

《존재와 무》는 프랑스의 철학자 사르트르가 1943년 출판한 책이다. 사르트르의 주된 목적은 개인의 존재에 앞서 개인의 실존을 주장하는 것이다. 이 책을 작성하면서 최우선적으로 염두에 둔 것은 자유가 존재한다는 것이다.

1940년과 1941년에 전쟁 포로로 억류되어 있던 시절 사르트르는 마르틴 하이데거의 《존재와 시간》을 읽고 자기 자신만의 사유를 전개하였다. 하이데거의 영향을 받았음에도 사르트르는 하이데거의 존재와의 가설적인 재조우와 비교하여 인간성(humanity)이 개인적인 성취의 상태를 달성할 수 있다는 방법에 회의적이었다.

사르트르의 주장에서 인간은 많은 종교와 철학자가 신과 동일시한 "완결"의 환상에 시달리는 피조물이다. 자신의 몸이라는 물리적 실체로 태어나 물질적 우주에서 우리는 우리 자신이 존재에 끼워진 것을 인식한다. 의식은 가능성을 개념화하고 나타나게 하며, 폐기하는 능력이다.

서론
1부. 무의 문제
2부. 대자존재
3부. 대타존재
4부. 가지다, 하다, 있다

독서 노트 (69)

[존재와 무에 흐르는 정신(교훈)에 대하여]

1. 저자
  : 사르트르

2. 도서
  : 존재와 무 - 2부. 대자존재

3. 독서노트
  (1) 중요하게 생각하는 열 가지 이야기를 기술하시오. (각 100자)
  (2) 정리한 열 가지 이야기에 흐르는 정신(교훈)을 세 가지로 나누고, 각 이야기를 인용하면서 존재와 무(2부)에 흐르는 세 가지 정신(교훈)에 대하여 설명하시오. (각 300자)

4. 기간
  : 2주

독서노트

(1) 중요하게 생각하는 열 가지 이야기를 기술하시오. (각 100자)

1.

2.

200자

3.

4.

400자

5.

600자

독서노트

(1) 중요하게 생각하는 열 가지 이야기를 기술하시오. (각 100자)

6.

7.

8.

9.

10.

독서노트

(2) 정리한 열 가지 이야기에 흐르는 정신(교훈)을 세 가지로 나누고, 각 이야기를 인용하면서 존재와 무(2부)에 흐르는 세 가지 정신(교훈)에 대하여 설명하시오. (각 300자)

1.

200자

2.

400자

600자

독서노트

(2) 정리한 열 가지 이야기에 흐르는 정신(교훈)을 세 가지로 나누고, 각 이야기를 인용하면서 존재와 무(2부)에 흐르는 세 가지 정신(교훈)에 대하여 설명하시오. (각 300자)

3.

Summary

1. 나에 대하여

: 나는 어떤 종류의 리더십을 가지고 있는지 예를 들어 가면서 설명하시오.

2. 논리적 글쓰기

: 분류와 평가

3. 주제 토론

: 인간과 리더에 대하여

4. 천자문

5. 독서 노트

: 존재와 무, 2부 (사르트르)

인간과 리더에 대하여

✿ 69. 인간과 리더에 대하여 자신의 생각을 종합하시오.

70. 인간과 평등에 대하여

평등을 위한 황금의 열쇠는 무엇인가?

70. 인간과 평등에 대하여

1. 나에 대하여

문제 나는 우리 사회가 평등하다고 생각하는가, 불평등하다고 생각하는가? 그 이유는 무엇인가? (400자)

200자

400자

2. 논리적 글쓰기: 비교와 비판

[문제 1] 제시문 【가】, 【나】, 【다】에 나타난 예술 감상에 관한 견해의 차이를 서술하고, 이를 바탕으로 〈보기〉의 뱅크시의 실험적 행위가 예술 감상과 관련해 시사하는 바에 대하여 논술하시오. (1,000자)

[문제 2] 제시문 【가】, 【나】, 【다】, 【라】는 사회적 불평등에 관한 견해를 담고 있다. 제시문을 두 입장으로 나누어 비교하고, 이를 바탕으로 사회적 불평등을 해결하기 위한 〈보기〉의 기부행위가 지니고 있는 한계에 대하여 논술하시오. (800자)

숭실대

2. 논리적 글쓰기: 비교와 비판

(보기)

❶ 뱅크시는 가짜 수염과 모자로 위장을 하고 유명 미술관에 자신이 그린 그림을 몰래 붙이고 나오는 실험적 행위를 했다. ❷ 많은 관람객은 뱅크시의 그림을 명화로 오해했으며, 직원들마저 이를 눈치 채지 못했다. ❸ 뱅크시가 그린 그림의 제목은 「당신은 아름다운 눈을 가졌군요」이다.

2. 논리적 글쓰기: 비교와 비판

(가)

우리가 미술에 대해서 배우는 것은 끝이 없는 일이다. 미술에는 언제나 발견해야 될 새로운 것들이 있다. 위대한 미술 작품들은 우리가 그 작품을 대할 때마다 다르게 보이는 것 같기도 하고 인간 본연의 모습처럼 다함이 없고 또 예측할 수 없는 것 같기도 하다. 미술은 그 자체로 불가사의한 법칙과 모험을 가지고 있는, 가슴을 설레게 하는 자극적인 세계인 것이다. 미술에 관해서 모든 것을 다 안다고 생각하는 사람은 있을 수 없다. 누구도 미술에 대해서 다 알지는 못하기 때문이다. 어떠한 작품들을 잘 감상하기 위해서 상투적인 미사여구나 진부한 표현 같은 것에 마음이 흐트러지지 않게 하면서, 작품 속의 모든 암시를 포착하고 숨겨진 조화에 감응*하려는 참신한 마음가짐을 지니는 것이 중요하다. 미술에 관해서 그릇된 생각을 조장하는 설익은 지식을 갖는 것보다는 미술에 관해서 아무것도 모르는 것이 훨씬 좋다. 비평가들이 썼던 단어들은 이미 너무나 많은 상이한 문맥 속에서 사용되었기 때문에 그 정확한 의미를 상실했다고 볼 수 있다. 참신한 눈으로 그림을 보고 그 그림 속에서 새로운 발견의 항해를 감행하는 것은, 그 그림에 대해 재치있게 말하는 것보다 훨씬 어려운 일이지만 더욱 값진 일이다. 우리가 그런 여행에서 무엇을 얻어 가지고 돌아올지는 아무도 알 수 없다.

*감응(感應) : 어떤 느낌을 받아 마음이 따라 움직임.

2. 논리적 글쓰기: 비교와 비판

(나)

그림을 본다는 것은 무엇인가? 무엇을 그린 걸까? 왜 저 색을 사용하였을까? 저 색과 사물은 무엇을 뜻하는 것일까? 왜 이런 느낌이 드는 걸까? 작품을 마주한 우리는 작품 속에서 무언가를 찾아내기 위해 끊임없이 질문을 던진다. 사실 아무 생각 없이 그냥 작품을 본다는 것이 쉬운 일은 아니다. 특히 특정 작품에 대한 사전 지식이 전혀 없다면 미술 작품 은 어려운 것으로 느껴질 수 있다. 우리는 '명화'나 난해한 실험적 작품을 대하기 전에 그 작품에 대한 사전 공부를 한다. 어느 시대에 그려졌으며, 작가는 누구이며 어떠한 인생을 살았는지 등을 알아본다. 이와 같이 작품에 대한 충분한 사전 학습이 이루어 진 후에 작품을 대하면, 그 작품에 대해 친근감을 느끼게 되거나 잘 이해했다고 느끼는 경우가 많다. 작품에 따라 이러한 사전 학습이 도움을 주지 못하는 때도 있지만, 대부분은 이렇게 사전에 학습한 지식들이 작품 감상에 도움이 되는 것은 분명하다. 그리고 작품 감상에서 사전 지식만큼이나 중요한 것이 자신의 눈으로 보고 느끼는 활동이다. 인간이 눈으로 '본다는 것'은 색채 나 모양을 인지하는 정도에 그치지 않고, '감각→지각→인지'라는 일련의 과정을 포함한다. 이처럼 눈으로 본다는 것은 복합적인 활동을 의미하기 때문에 사전 지식 못지않게 감상에서 매우 중요한 요소라 할 수 있다. 사전 지식에 맞추어 작품을 해석하는 것은 감상의 의미를 기존 지식의 확인 정도로 제한하는 것과 같다.

2. 논리적 글쓰기: 비교와 비판

(다)

전통적으로 사회학자들은 생산 수단의 소유 여부 혹은 직업을 가지고 계급을 구분해 왔다. 그러나 한 사람의 계급적 위치를 판단하기 위해서는 이와 같은 경제적 측면뿐 아니라 생활양식, 소비 패턴과 같은 문화적 요인들도 고려해야 한다는 주장이 제기되었다. 프랑스의 사회학자 피에르 부르디외는 여러 사회 집단들이 자신들의 지위 상승을 위해서 경제적·문화적·사회적 자본을 어떻게 활용하는지 연구하였다. 여기서 '자본'이란 특권을 획득하기 위한 경쟁에 도움이 되는 자원을 의미한다. 경제적 자본(economic capital)은 부(富)와 같은 물질적 자원을 가리키고, 사회적 자본(social capital)은 인적 관계망을 의미한다. 예를 들어, 어떤 계급의 사람들은 자신의 지위를 높이기 위해 특정 지역에서 살거나 자기들만의 인맥을 형성하는데, 이러한 인맥이 사회적 자본이다. 부르디외에 따르면 사회적 자본 외에 지식, 취향, 개인적 스타일과 같은 문화적 자본(cultural capital)도 지위 상승의 유용한 자원이 된다. 예를 들어, 일부 엘리트 층은 발레나 클래식 음악에 대한 취향을 개발함으로써 자기들만의 취향의 동질성을 형성하고, 발레와 클래식 음악을 모르는 집단과 스스로를 구별 짓는다. 이러한 문화적 자본은 '아비투스(habitus)'에 의해 형성된다. '아비투스'란 상이한 조건의 개인들이 사회화되는 과정에서 획득하는 기본적 생활양식이다. 유사한 조건에 있는 개인들은 비슷한 생활양식을 공유하게 될 것이며, 결과적으로 집단별로 독특한 문화적 자본이 발달한다는 것이다. 이처럼 부르디외는 기존에 '경제' 중심으로 논의되던 계급의 문제에 '문화'의 개념을 도입하였다. 그의 설명에 따르면 유사한 조건에서 성장하는 사람들은

2. 논리적 글쓰기: 비교와 비판

'아비투스'를 공유하게 되며, 이는 결과적으로 동일한 사회 계층에 속한 사람들에게 다른 계층과는 다른 독특한 하위문화를 형성하게 한다.

2. 논리적 글쓰기: 비교와 비판

문제 제시문 별로 제목을 정하고 핵심 내용을 정리하시오. (각 100자)

〈제시문 가〉

〈제시문 나〉

〈제시문 다〉

2. 논리적 글쓰기: 비교와 비판

문제 답안을 디자인하시오.

200자

400자

600자

2. 논리적 글쓰기: 비교와 비판

[문제 1] 제시문 【가】, 【나】, 【다】에 나타난 예술 감상에 관한 견해의 차이를 서술하고, 이를 바탕으로 〈보기〉의 뱅크시의 실험적 행위가 예술 감상과 관련해 시사하는 바에 대하여 논술하시오. (1,000자)

2. 논리적 글쓰기: 비교와 비판

[문제 1] 제시문 【가】, 【나】, 【다】에 나타난 예술 감상에 관한 견해의 차이를 서술하고, 이를 바탕으로 〈보기〉의 뱅크시의 실험적 행위가 예술 감상과 관련해 시사하는 바에 대하여 논술하시오. (1,000자)

2. 논리적 글쓰기: 비교와 비판

(보기)

　　2008년 일선에서 은퇴한 후 빌 게이츠에 대한 수식어는 '세계에서 가장 부유한 인물'에서 '세계에서 가장 기부를 많이 하는 인물'로 바뀌었다. 빌 게이츠는 탁월한 선천적 재능을 바탕으로 이전에는 생각지도 못한 프로그램을 개발함으로써 세계적인 성공을 거두었다. 1천억 달러에 이르는 부를 축적한 빌 게이츠는 "세 자녀에게 1천만 달러씩 주고, 나머지는 모두 기부하겠다."라고 밝혀 또 한 번 세상을 놀라게 하였다. 빌 게이츠와 부인 멜린다 게이츠의 이름을 따 설립한 '빌 앤드 멜린다 게이츠 재산'은 워런 버핏 이 재산 대부분을 기부한 단체로도 유명하다. 빌 게이츠에 이어 전 세계에서 두 번째로 부유한 인물인 워런 버핏은 직접 자선 재단을 만들지는 않았다. 이미 자신이 보유한 주식 대부분을 빌 게이츠 재단에 기부하기로 약속한 바 있고, 2011년 하반기에만 4,000만 달러 이상의 주식을 여덟 곳의 자선 단체에 기부하였다.

2. 논리적 글쓰기: 비교와 비판

(가)

　사회에서 어떤 사회적 역할들은 보기 드문 재능이나 일정 기간의 수련을 요구한다. 즉 모든 사람이 다 의사, 핵물리학자, 판사 또는 군사전략가가 될 수는 없다. 한 사회가 효과적으로 기능을 수행하기 위해서는 이러한 역할들에 재능과 기술을 가진 사람들 을 유인하는 어떤 방법을 찾아야만 한다. 그런데 재능이나 혹은 장기간의 훈련을 요구하는 역할들은 상당한 정도의 희생, 그리고 무거운 책임을 가지는 것이 보통이다. 따라서 이와 같은 중요한 역할들은 사회가 경제적 부, 권력, 위세 또는 이들에게 적절하게 부여된 보상을 제공함으로써 개인들에게 그러한 역할들을 담당하도록 유인책을 마련해야 한다. 환경미화원보다 국회의원을 더 높이 평가하는 사회는 국회의원에게 보다 높은 지위와 보상을 제공하며, 목수보다 사회과학자들을 더 높이 평가하는 사회는 사회과학자들에게 보다 높은 지위와 보상을 주기 때문이다. 사회적 보상의 이러한 불평등한 배분은 사회를 위해서 기능적이다. 왜냐하면, 희소한 재능을 요구하는 역할들은 가장 능력 있는 개인들에 의해 수행되기 때문이다. 따라서 사회 계층은 필연적인 결과로 볼 수 있다.

2. 논리적 글쓰기: 비교와 비판

(나)

　사회 제도나 정책 또는 관행은 각 개인의 가치관이나 욕구 등에 영향을 줄 뿐 아니라, 사회 전체 구성원들의 잘못된 의식 구조에도 영향을 준다. 예를 들어 취업에서 학력이나 출신 학교를 중요시하는 관행은 우리 사회의 구성원들에게 실력보다는 학력을 중시하는 학력주의나, 소위 '일류대' 진학에 열을 올리게 하는 학벌주의를 조장한다. 우리 사회에 깊이 뿌리박혀 있는 학력주의나 학벌주의는 여러 가지 사회 문제를 야기하는 바람직하지 않은 의식 구조이다. 사회 제도나 정책은 사회 발전에 도움을 주지만, 잘못 운영되면 사회 발전을 저해할 수도 있다. 사회 제도나 정책이 올바로 운영되면 사회가 발전하고 여러 가지 사회적인 문제를 해소하는 데 기여하지만, 그것에 결함이 있으면 오히려 많은 사회 문제가 발생할 수도 있다. 예를 들어 청소년 자살, 학교 폭력, 서민들의 과중한 사교육비 부담은 배려심을 길러주는 인성 교육보다는 지나친 경쟁을 유발하는 교육 정책이나 입시 제도에 어느 정도 그 책임이 있다. 우리 사회의 저출산 현상은 불안정한 고용 구조, 맞벌이 부부에 대한 자녀 양육 지원 체계의 미흡 등이 큰 원인이라고 볼 수 있다.

2. 논리적 글쓰기: 비교와 비판

(다)

어떤 사회는 장애인 시설을 마련하는 데 힘을 쏟아 장애인들이 독립성을 느끼며 살 수 있게 한다. 반면에 또 다른 사회는 제도가 부족한 상태에서 뜻있는 일부 사람의 선의와 자비에 의지해 문제를 해결하려 한다. 우리는 후자를 '모욕 사회'라 부를 수 있다. 특히 물질적 여유가 있으면서도 후자에 해당하는 사회라면 더욱 그렇다. 이러한 사회적 모욕은 대부분 필요한 제도가 없거나 부족하기 때문에 탄생한다. 평등한 교육을 지향하는 학교에서 비장애인 화장실은 남녀를 구분해 만들면서도 장애인 화장실은 남녀 구분 없이 한 칸만 만드는 일도 사실은 제도의 결핍에 해당한다. 교육을 받는 과정 속에서 교육 대상자들은 모두가 동등한 대우를 받아야 하는데 후자는 이에 대한 고려가 부족하기 때문이다. 사회적 약자들이 불편을 느낄 때 제도를 새롭게 만들거나 미비한 제도를 보완할 수 있어야 비로소 '모욕 사회'에서 진일보한 '품위 사회'로 진입할 수 있다.

2. 논리적 글쓰기: 비교와 비판

(라)

생산에 기여한 것에 비례하여 각자의 분배 몫이 결정되어야 하는데, 이를 기여도의 원칙이라고 한다. 근면과 창의력으로 사회의 생산에 크게 기여한 사람은 많이 받고, 기여가 적은 사람은 적게 받는 것이 정의에 합당하다. 아리스토텔레스는 "같은 것을 다르게 대우하는 것도, 다른 것을 같게 대우하는 것도 모두 정의롭지 못하다."라고 하였다. 즉 같은 것은 같게, 다른 것은 다르게 대우하는 것이 정의에 부합한다는 것이다. 베짱이와 개미가 똑같은 몫을 분배받는 것은 부당하다. 만일 생산의 기여도에 상관없이 똑같이 분배받는 것이 옳다고 하면 무위도식도 정당하다는 잘못된 결론이 도출된다. 경제생활에서 중요한 것은 각자 자기 권리와 책임 하에 독립해서 살아가는 것이다. 자기와 가족의 생계는 국가나 친척 그 누구의 도움도 받지 않고 스스로 해결할 수 있어야 한다. 또 그것이 좋은 것이든 나쁜 것이든 자신이 행동한 결과를 스스로 감당해야 한다. 이러한 독립심과 자립심은 자본주의 경제 발전의 동력이 된다.

2. 논리적 글쓰기: 비교와 비판

문제 제시문 별로 제목을 정하고 핵심 내용을 정리하시오. (각 100자)

〈제시문 가〉

200자

〈제시문 나〉

400자

〈제시문 다〉

600자

2. 논리적 글쓰기: 비교와 비판

문제 제시문 별로 제목을 정하고 핵심 내용을 정리하시오. (각 100자)

〈제시문 라〉

2. 논리적 글쓰기: 비교와 비판

문제 답안을 디자인하시오.

200자

400자

600자

70. 인간과 평등에 대하여

2. 논리적 글쓰기: 비교와 비판

[문제 2] 제시문 【가】, 【나】, 【다】, 【라】는 사회적 불평등에 관한 견해를 담고 있다. 제시문을 두 입장으로 나누어 비교하고, 이를 바탕으로 사회적 불평등을 해결하기 위한 〈보기〉의 기부행위가 지니고 있는 한계에 대하여 논술하시오. (800자)

2. 논리적 글쓰기: 비교와 비판

[문제 2] 제시문 【가】, 【나】, 【다】, 【라】는 사회적 불평등에 관한 견해를 담고 있다. 제시문을 두 입장으로 나누어 비교하고, 이를 바탕으로 사회적 불평등을 해결하기 위한 〈보기〉의 기부행위가 지니고 있는 한계에 대하여 논술하시오. (800자)

3. 주제 토론: 인간과 평등에 대하여

세력가가
억압을 가능하게 하는 것은
단지 사람들의 두려움이다.
두려워하지만 않으면 대부분 꼬리를 내린다.

〈위 글을 바탕으로 인간과 평등에 대하여 창작하시오: 사회 비판 관점〉

3. 주제 토론: 인간과 평등에 대하여

자신이 사람들보다 우월해 보이면
행복과 멀어진 것이다.
행복은 가장 낮은 곳에 있기 때문이다.

〈위 글을 바탕으로 인간과 평등에 대하여 창작하시오: 사회 비판 관점〉

200자

400자

4. 천자문 (70/125)

綺(비단 기) 回(돌아올 회) 漢(한수 한) 惠(은혜 혜)
기 장군이 돌아와 한나라에 공평한 은혜를 베푸니

設(말씀 설) 感(느낄 감) 武(호반 무) 丁(고무래 정)
무정 장군이 그 말에 감동한다.

기회한혜　　　설감무정

綺回漢惠 이고　　設感武丁 이라.

공평은 평화의 근원이다.

[한자 세 번, 뜻 한 번을 쓰시오]

인문고전 추천 70

명상록 (아우렐리우스)

《명상록》은 로마 황제이자 스토아 학파의 철학자이기도 했던 마르쿠스 아우렐리우스의 저서이다. 원제는 [타 에이스 헤아우톤, $Tὰ\ εἰς\ ἑαυτόν$]으로 [내 자신에게]를 의미한다.

이 책은 원래 권·장·절로 나뉘지는 않았다. 하지만 후대 사람들은 이 책을 12권으로 나누었고, 각 권에 장(章)을 매겼으며, 그 중에 긴 장(章)은 다시 절로 나누었다.

대우주와 그 속에 사는 소우주로서의 자기 자신과의 대비를 기조로 하는 내면적 자기 반성의 기록이다. 특히 죽음의 문제가 끊임없이 논해지며 또 세계[宇宙] 시민의 발상이 강조되고 있다.

독서 노트 (70)

[명상록에 흐르는 정신(교훈)에 대하여]

1. 저자
  : 아우렐리우스

2. 도서
  : 명상록

3. 독서노트
  (1) 중요하게 생각하는 열 가지 이야기를 기술하시오. (각 100자)
  (2) 정리한 열 가지 이야기에 흐르는 정신(교훈)을 세 가지로 나누고, 각 이야기를 인용하면서 명상록에 흐르는 세가지 정신(교훈)에 대하여 설명하시오. (각 300자)

4. 기간
  : 2주

독서노트

(1) 중요하게 생각하는 열 가지 이야기를 기술하시오. (각 100자)

1.

2.

200자

3.

4.

400자

5.

600자

70. 인간과 평등에 대하여

독서노트

(1) 중요하게 생각하는 열 가지 이야기를 기술하시오. (각 100자)

6.

7.

8.

9.

10.

독서노트

(2) 정리한 열 가지 이야기에 흐르는 정신(교훈)을 세 가지로 나누고, 각 이야기를 인용하면서 명상록에 흐르는 세가지 정신(교훈)에 대하여 설명하시오. (각 300자)

1.

200자

2.

400자

600자

70. 인간과 평등에 대하여

독서노트

(2) 정리한 열 가지 이야기에 흐르는 정신(교훈)을 세 가지로 나누고, 각 이야기를 인용하면서 명상록에 흐르는 세가지 정신(교훈)에 대하여 설명하시오. (각 300자)

3.

Summary

1. 나에 대하여

　: 나는 우리 사회가 평등하다고 생각하는가, 불평등하다고 생각하는가? 그 이유는 무엇인가?

2. 논리적 글쓰기

　: 비교와 비판

3. 주제 토론

　: 인간과 평등에 대하여

4. 천자문

5. 독서 노트

　: 명상록 (아우렐리우스)

인간과 평등에 대하여

✿ 70. 인간과 평등에 대하여 자신의 생각을 종합하시오.

71. 인간과 문명에 대하여

문명은 어디까지 우리에게 도움이 되는 가?

71. 인간과 문명에 대하여

❀

❀

1. 나에 대하여

문제 자신이 생각하는 가장 이상적인 문명 상태에 대하여 기술하시오. (400자)

200자

400자

2. 논리적 글쓰기: 비판과 대안

[문제 1] (가), (나) 현상이 암시하고 있는 미래 사회의 가능성에 대하여 (다)에서 제기하고 있는 쟁점을 중심으로 자신의 의견을 논하되, (라)와 (마)를 활용하시오. (900자)

서강대

2. 논리적 글쓰기: 비판과 대안

(가)

우리들 사회에는 매뉴얼적인 일이 다수 존재한다. 예를 들면 패스트푸드점이나 서점의 점원 등은 철저하게 매뉴얼화된 말로 손님을 대하는 것으로 알려져 있다. 그들의 일을 인간과 똑같은 휴머노이드로 바꿔놓아도 그다지 위화감이 없다고 한다면 현재의 점원들은 비인간적인 일에 종사하고 있다고 해야 하는가? (중략) 일본에서는 1983년도부터 8개년에 걸쳐 '극한 작업 로봇' 프로젝트가 추진되었다. (중략) 이들 로봇 모두에게는 인간에게 혹독한 환경 속에서도 안전하고 명확하게 작업하는 것이 요구된다. 로봇들은 원격조작 지원을 받으면서 자율적으로 움직이는 협동 방식으로 작업한다. (중략) 극한 환경은 분명 로봇에게도 혹독하다. 높은 수압에서 작업을 수행하는 것은 쉽지 않다. 전력 플랜트 내의 복잡한 통로를 능숙하게 걸어가 점검·보수하는 것도 어렵다고 생각한다. 하지만 로봇을 어떤 환경 속에서 조작하려고 할 때 설계자는 우선 그 환경을 모델화한다. 혹독한 환경이면 그것을 극복하는 기술을 개발, 도입하기 위해서도 환경을 모델화하지 않으면 안 된다. 즉 극한 환경이라는 것을 로봇 설계자가 인식한 시점에서 그 환경을 극한이라는 하나의 틀로 좁혀진다. 그 틀에서 일을 수행할 수 있도록 로봇을 특화시킨다는 것이다.

이노우에 히로치카 외/박정희 역, 로봇, 『미래를 말하다』

2. 논리적 글쓰기: 비판과 대안

(나)

　나는 어느 컴퓨터 회사에서 언어를 이해하는 컴퓨터 프로그램을 개발하는 일을 한 적이 있다. 우리의 프로그램은 여행 안내서에서 정보를 추출하고 모아서 여행 안내 센터에 제공하는 것이었다. 작업은 쉽지 않았다. 어떻게 언어가 작동하는지, 어떻게 우리가 언어를 이해하는 지에 대한 지대한 관심을 가져야 했으며 그 작업은 결코 쉽지 않았다. 그러나 팀 전체가 온 힘을 다해 추진한 결과 우리 팀 전체가 상당한 자부심을 느낄 정도로 프로그램은 성공적이었다. 그러고 나서 몇 년이 지난 후 우리의 프로그램을 장착한 컴퓨터가 수명을 다하는 날, 즉 새로운 세대의 컴퓨터에 자리를 내주는 날이 왔다. 그 전에 마지막으로 프로그램이 소규모로 실행되었다. 한두 시간 후에 우리는 컴퓨터와 대화를 나누었고 많은 흥미로운 세부사항들을 기록한 후, 슬프게 프로그램을 '종료시켰다.'

입케 박스무트 저/장병탁 외 역, 『커뮤니케이션』

2. 논리적 글쓰기: 비판과 대안

(다)

칼렙: 잘 모르겠네요. 전 여전히 적절한 실험 포맷이 뭘까, 알아내려고 노력하고 있어요. 대화로만 에이바[1]를 테스트하는 건 뭔가 정해진 미로를 계속 빙빙 도는 느낌이어요. 마치 체스 게임만으로 체스 컴퓨터를 테스트하는 것 같거든요.

1) AVA, 인공지능 여자 로봇 이름.

네이든: 그럼 어떤 방법이 또 있을 수 있을까? 칼렙: 뭘 테스트하려고 하느냐에 달렸지요. 체스를 잘 두느냐를 알려면 게임을 직접 해 보는 게 좋은 방법이지만, 체스 컴퓨터가 자신이 체스를 두고 있는 사실을 알고 있는지는 판단할 수 없잖아요. 아, 심지어 체스가 뭔지도 모를 수도 있지요. 네이든: 시뮬레이션이냐 실세계냐, 그것이 문제네. 칼렙: 맞아요. '인공지능과 나'를 구분할 수 있어야 할 것 같아요. 네이든: 제발 그렇게 복잡하게 접근하지 말게나. 내가 원하는 건 간단하게 질문을 던지는 거네. 어젯밤 내가 자네에게 물었지. 그녀(에이바)에 대해 어떻게 느끼냐고. 지금 질문은 이걸세. '그녀는 자네에 대해 어떻게 느낄까?'

영화 『엑스마키나』 중에서.

2. 논리적 글쓰기: 비판과 대안

(라)

　인간만이 내재적 가치를 가진다고 보는 입장이 인간 중심주의라면, 인간 이외의 자연적 존재들도 내재적 가치나 본래적 가치를 가진다고 보는 입장은 탈인간 중심주의이다. 이는 다시 개체론적 탈인간 중심주의와 전일론적 탈인간 중심주의로 구분될 수 있는데, 동물 중심주의는 전자에 해당된다. 벤담의 영향을 받은 실천 윤리학자 싱어는 감각을 지닌 모든 개체의 이익은 동등한 고려의 대상이 되어야 한다는 이익 평등 고려의 원칙을 제시함으로써, 인간뿐만 아니라 감각을 가진 모든 개체가 쾌락을 늘리고 고통을 줄이는 방향으로 행동하는 것, 즉 이익을 추구하는 것은 개체의 기본적인 권리라는 것이다. 따라서 그는 인간뿐만 아니라 감각을 가진 동물까지도 도덕적 배려의 대상이 되어야 한다고 주장하였다.

　　　　　　　조성민 외, 『생활과 윤리』 / 정창우 외, 『윤리와 사상』

2. 논리적 글쓰기: 비판과 대안

(마)

의무론 윤리는 행위가 의무에 부합하는가에 따라 옳고 그름을 판단한다. (중략) 칸트는 도덕 법칙을 어떤 상황에서도 무조건 따라야 하는 정언 명령의 형태로 제시한다. 그는 인간이 이성에 의해 정언 명령을 파악하고 이를 순수하게 따르려는 의지를 선의지라고 하였다. 칸트 윤리에서는 이러한 선의지가 동기인 행위만이 옳은 행위이다. 반면에 결과적으로 옳은 행동을 했더라도 개인의 이익 추구나 사회의 비난을 피하려는 의도에서 나온 행위는 결코 옳은 행위가 아니다. (중략) 공리주의는 행위의 동기보다는 이익과 행복이라는 결과를 강조한다. 이러한 결과주의 관점을 갖는 공리주의는 복잡한 이해관계가 얽혀 있는 현대 사회에서 윤리적 판단의 구체적인 지침을 제공하고, 행위의 정당성을 쉽게 확보할 수 있게 해 준다. 그러나 내면적 동기를 무시하여 그릇된 의도에서 나온 행위도 쉽게 용인될 수 있는 문제가 있다. (중략) 현대의 덕 윤리에서는 의무와 원리에 따른 행위 중심의 윤리를 비판하고, 품성과 덕성을 중시하는 행위자 중심의 윤리에 초점을 두었다. 그리고 덕성 함양이 고립되고 단절된 개인적 차원에서 이루어지는 것이 아니라, 역사와 전통이라는 구체적 맥락을 지닌 공동체 안에서 가능하다는 점을 강조하였다. (중략) 덕 윤리는 의무론이나 공리주의처럼 규칙이나 원리를 기계적으로 적용하여 문제를 해결하지 않는다. 덕 윤리에서 행위자는 특수한 상황에서 어떤 행동이 적절한지 판단할 수 있는 능력인 덕을 갖추었기 때문이다.

김국현 외, 『생활과 윤리』

2. 논리적 글쓰기: 비판과 대안

문제 제시문 별로 제목을 정하고 핵심 내용을 정리하시오. (각 100자)

〈제시문 가〉

〈제시문 나〉

〈제시문 다〉

2. 논리적 글쓰기: 비판과 대안

문제 제시문 별로 제목을 정하고 핵심 내용을 정리하시오. (각 100자)

제시문 라〉

200자

제시문 마〉

400자

600자

2. 논리적 글쓰기: 비판과 대안

문제 답안을 디자인하시오.

71. 인간과 문명에 대하여

2. 논리적 글쓰기: 비판과 대안

문제 제시문 별 핵심 내용 (예시)

항목	내용 대주제: 미래 사회 예측	소주제
(가) 현상이 암시하는 미래 로봇의 가능성	1. 우리들 사회에는 메뉴얼적인 일이 다수 존재한다. (패스트푸드 점이나 서점의 점원), 현재 그들은 비인간적인 일을 하고 있는 것인가?(로봇은 비인간적인가?) 2. 일본 '극한 작업 로봇' 프로젝트에서 모델화된 혹독한 환경 속에서 정형화된 작업을 수행하도록 로봇은 특화시켰다. (높은 수압 하에서의 작업, 전력 플랜트내 작업) : 이들은 감각 그리고 고통이 없는가?	메뉴얼화되고 특화된 로봇에 의해 지배되고 운영되는 사회
(나) 현상이 암시하는 미래 로봇의 가능성	1. 언어를 이해하는 컴퓨터 프로그램 개발에 언어의 작동 원리, 언어의 이해 원리 등이 고려되어 성공적으로 적용 되었다. 2. 그러나 컴퓨터라는 하드웨어 수명의 한계는 개발된 프로그램 모두를 종료시키는 슬픈 운명을 맞는다. (우리는 노력과 추억이 깃든 인공 지능 로봇에 슬픔과 같은 감정의 교류를 느낄까?)	새로운 컴퓨터에 의해 기존 프로그램이 폐기되는 사회
(다) 쟁점 (칼렙과 네이든의 대화)	1. 인공지능 로봇 에이바를 테스트할 때 정해진 미로를 빙빙 도는 느낌을 받음 2. 체스 컴퓨터가 자신이 체스를 두고 있는 사실을 알고 있는지를 판단할 수 없음. (자의식, 자유의지가 있는가?) 3. 시뮬레이션이냐 실세계냐의 문제 4. 인공지능과 나를 구분할 수 있어야 할 것 같음 5. "그녀(에이바)에 대해 어떻게 느끼는가?"의 관점과 "그녀가 자네를 어떻게 느낄까 (감정)?"의 관점 차이가 대립하고 있음 (쟁점)	시뮬레이션이냐 실세계냐, 인공 지능의 존재 자의식, 자유의지, 감정 보유 가능성
(라) 논증 활용 자료	1. 인간 중심주의 : 인간만이 내재적 가치를 가짐 2. 탈인간 중심주의 : 인간 이외의 자연적 존재도 내재적(본래적) 가치를 가짐, 개체론적 탈인간 중심주의는 동물중심주의, 싱어의 전일론적 탈인간 중심주의는 감각을 지닌 모든 개체는 동등하다는 주의이다. 이는 감각을 가진 모든 개체는 도덕적 배려의 대상이 되어야 한다는 주장이다.(감각 능력을 가진 인공지능 로봇)	인간 중심주의, 탈인간 중심주의
(마) 논증 활용 자료	1. 의무론 윤리: 행위가 도덕적 의무에 부합하는가(행위의 동기)에 따라 옳고 그름 판단 (칸트 정언 명령) 2. 공리주의적 윤리: 행위의 동기보다는 (다수의) 이익과 행복(행위의 결과)이 옳고 그름을 판단, 행위의 정당성 확보, 그러나 동기 무시로 그릇된 의도에 의한 행위도 용인됨. 3. 덕 윤리: 어떤 의무와 원리에 따른 행위 중심의 윤리가 아닌 사람의 품성과 덕성을 중시하는 행위자 중심의 윤리 → 기계적 적용이 아닌 행위자(사람)의 판단 능력 즉 덕을 중시함.	의무론 윤리, 공리주의적 윤리, 덕 윤리

2. 논리적 글쓰기: 비판과 대안

[문제 1] (가), (나) 현상이 암시하고 있는 미래 사회의 가능성에 대하여 (다)에서 제기하고 있는 쟁점을 중심으로 자신의 의견을 논하되, (라)와 (마)를 활용하시오. (900자)

2. 논리적 글쓰기: 비판과 대안

[문제 1] (가), (나) 현상이 암시하고 있는 미래 사회의 가능성에 대하여 (다)에서 제기하고 있는 쟁점을 중심으로 자신의 의견을 논하되, (라)와 (마)를 활용하시오. (900자)

3. 주제 토론: 인간과 문명에 대하여

있는 것을 우선 보고
그 다음, 없는 것을 본다.
이 순서만 지켜도 세상은 꽤 살 만 하다.

〈위 글을 바탕으로 인간과 문명에 대하여 창작하시오: 사회 비판 관점〉

3. 주제 토론: 인간과 문명에 대하여

평온을 위해 필요한 것은
하지 않는 것이 아니라
서두르지 않는 것이다.

〈위 글을 바탕으로 인간과 문명에 대하여 창작하시오: 사회 비판 관점〉

4. 천자문 (71/125)

俊(준걸 준) 乂(어질 예) 密(밀할 밀) 勿(말 물)
준걸과 재사가 가득하니

多(많을 다) 士(선비 사) 寔(참 식) 寧(편안 녕)
많은 선비는 참으로 평안함의 상징이다.

준예밀물　　　다사식녕

俊乂密勿 이고　　多士寔寧 이라.

나라의 선비는 평안의 근원이다.

[한자 세 번, 뜻 한 번을 쓰시오]

꿈의 해석 (프로이트)

지그문트 프로이트(1856년~1939년)는 오스트리아의 정신과 의사이자 정신분석학의 창시자이다. 프로이트는 무의식과 억압의 방어 기제에 대한 이론, 그리고 환자와 정신분석자의 대화를 통하여 정신 병리를 치료하는 정신분석학적 임상 치료 방식을 창안한 것으로 매우 유명하다. 또 그는 성욕을 인간 생활에서 주요한 동기 부여의 에너지로 새로이 정의하였으며, 치료 관계에서 감정 전이의 이론, 그리고 꿈을 통해 '무의식적 욕구'를 관찰하는 등 치료 기법으로도 알려져 있다. 뇌성마비를 연구한 초기 신경병 학자이기도 하였다.

신프로이트주의에서 프로이트의 많은 이론을 버리거나 수정하였다. 프로이트의 방법과 관념은 임상 정신 역학의 역사에서 중요한 위치를 차지하고 있다. 그의 생각은 인문 과학과 일부 사회 과학에 계속 영향을 주고 있다.

독서 노트 (71)

[꿈의 해석에 흐르는 정신(교훈)에 대하여]

1. 저자
  : 프로이트

2. 도서
  : 꿈의 해석 4~5장

3. 독서노트
  (1) 중요하게 생각하는 열 가지 이야기를 기술하시오. (각 100자)
  (2) 정리한 열 가지 이야기에 흐르는 정신(교훈)을 세 가지로 나누고, 각 이야기를 인용하면서 꿈의 해석 (4~5장)에 흐르는 세 가지 정신(교훈)에 대하여 설명하시오. (각 300자)

4. 기간
  : 2주

독서노트

(1) 중요하게 생각하는 열 가지 이야기를 기술하시오. (각 100자)

1.

2.

200자

3.

4.

400자

5.

600자

71. 인간과 문명에 대하여

독서노트

(1) 중요하게 생각하는 열 가지 이야기를 기술하시오. (각 100자)

6.

7.

8.

9.

10.

독서노트

(2) 정리한 열 가지 이야기에 흐르는 정신(교훈)을 세 가지로 나누고, 각 이야기를 인용하면서 꿈의 정신(4~5장)에 흐르는 세 가지 정신(교훈)에 대하여 설명하시오. (각 300자)

1.

200자

2.

400자

600자

독서노트

(2) 정리한 열 가지 이야기에 흐르는 정신(교훈)을 세 가지로 나누고, 각 이야기를 인용하면서 꿈의 정신(4~5장)에 흐르는 세 가지 정신(교훈)에 대하여 설명하시오. (각 300자)

3.

Summary

1. 나에 대하여

　: 자신이 생각하는 가장 이상적인 문명 상태에 대하여 기술하시오.

2. 논리적 글쓰기

　: 비판과 대안

3. 주제 토론

　: 인간과 문명에 대하여

4. 천자문

5. 독서 노트

　: 꿈의 해석 (프로이트) 4~5장

인간과 문명에 대하여

✿ 71. 인간과 문명에 대하여 자신의 생각을 종합하시오.

72. 인간과 운명에 대하여

운명은 어디까지 우리에게 영향을 미치는 가?

72. 인간과 운명에 대하여

✿

✿

1. 나에 대하여

문제 나는 내 운명을 어디까지 극복하고 또 새롭게 만들 수 있는가?
(400자)

200자

400자

72. 인간과 운명에 대하여

2. 논리적 글쓰기: 활용과 평가

[문제 1] 제시문 (가)의 두 가지 설명 방식이 제시문 (나)와 제시문 (다)에 각각 어떻게 활용되었는지 분석하고, 각 제시문에 드러난 설명 방식의 장단점을 평가하시오. (1,000자)

[문제 2] 제시문 (가)의 주장을 고려하여 제시문 (라)의 연구 결과를 설명하고 밑줄 친 부분에 답하시오. (1,000자)

연세대

2. 논리적 글쓰기: 활용과 평가

(가)

인과 관계는 원인과 결과 사이의 관계를 말한다. 예를 들어 여름철에 오호츠크해 기단과 북태평양 기단이 우리나라 상공에서 부딪힌 상태로 정체하면 장마가 시작된다. 즉 두 기단의 충돌 및 정체와 장마 사이에 인과 관계가 성립한다. 그렇다면 우리가 인과 관계를 밝히려는 이유는 무엇일까? 인과 관계를 밝히면 어떤 현상을 설명하고 예측하는 것이 가능해지기 때문이다. 인과 관계를 가장 분명하게 입증하는 방식은 실험이다. 인과 관계가 성립하기 위해서는 원인이 되는 변수 이외의 요인에 의한 설명은 제거되어야 하는데, 실험은 이를 가장 분명하게 제거해 준다. 실험은 모든 면에서 유사한 두 개 혹은 그 이상의 집단을 나누고 특정 집단에만 어떤 변수를 의도적으로 조작한 후 집단 간에 결과의 차이가 있는지 관찰한다. 그러나 사회 현상은 대부분 다양하고 복잡한 사건들이 없어서 나타나기 때문에 원인과 결과를 파악하기 어렵고 실험이 불가능한 경우가 많다.

사회 현상은 자연 현상과 달리 역사적, 문화적 조건의 지배를 받으며 동기나 가치 등 사람들의 주관적 요인에 영향을 받기 때문에, 사회적 맥락 속에서 개인이 처한 상황을 고려하여 인간의 내적인 과정을 살펴봐야 한다. 따라서 연구자가 연구 대상의 입장이 되어 현상을 이해하려는 감정 이입적 설명 방식이 더 적합할 수도 있다. 감정 이입적 설명 방식은 인간 행위의 의미를 탐구할 수 있는 일기, 대화, 관찰 일지, 면접 기록 등의 자료를 선호하며, 이를 통해 연구 대상을 심층적으로 이해할 수 있다. 그러나 연구자의 주관이 개입되어 연구가 객관성을 잃을 우려가 있으며, 또한 연구 결과를 일반화하거

2. 논리적 글쓰기: 활용과 평가

나 다른 상황에 적용하기는 어렵다.

특정 사회 현상을 설명하는 데 인과적 설명 방식과 감정 이입적 설명 방식 중 어느 한 가지만을 배타적으로 고집할 필요는 없다. 최근에는 이 두 설명 방식의 장점을 살려 함께 사용하는 경향이 나타나고 있다. 즉 한 가지 설명 방식을 견지하되 그 한계를 보완하기 위해 다른 설명 방식을 함께 사용하는 것이다.

* 기단: 수백 km^2에 걸쳐 형성된 기온과 습도 등의 성질이 비슷한 공기 덩어리

2. 논리적 글쓰기: 활용과 평가

(나)

 선거로 지도자를 선출하고 평가하는 민주주의 국가에서 투표율은 중요한 문제이다. 기존 연구는 유권자가 투표에 참여하는 동기로 두 가지를 제시하고 있다. 하나는 투표에 참여할 때 느끼는 만족감이고, 다른 하나는 민주 시민의 의무를 다하라는 사회적 압력이다. 만족감과 사회적 압력이 각각 투표율에 어떤 영향을 주는지 알아보기 위해, 총 120,000가구의 M지역 유권자를 대상으로 투표 독려 엽서를 이용한 연구를 수행했다. 이 지역에서 개인 유권자의 투표 여부가 공개된다는 점에 착안하였다.

 만족감과 사회적 압력을 제외한 다른 요인들의 영향을 없애기 위해 A, B, C 세 집단을 40,000가구씩 무작위로 추출하여 구성하였다. 세 집단에 속한 유권자의 연령, 가족 수, 이전 선거 투표 여부는 차이가 거의 없었다. A 집단에는 엽서를 보내지 않았고, B 집단과 C 집단에는 투표 독려 문구를 담은 엽서를 발송했다. 집단에 보낸 엽서에는 민주 시민으로서의 만족감을 강조하는 "선거에 참여하는 것이 민주주의의 첫걸음입니다. 민주 시민으로서의 권리를 행사합시다."라는 문구를 넣었다. C집단에는 "선거 후, 누가 투표에 참여했고 참여하지 않았는지 공개하는 엽서를 지역 주민에게 보낼 계획입니다. 누가 투표했는지 안 했는지 당신과 이웃 모두 알게 될 것입니다."라는 문구, 즉 사회적 압력의 메시지가 들어간 엽서를 보냈다.

 선거가 끝난 후 A, B. C 세 집단의 투표율은 각각 29%, 31%, 38%로 조사되었다. C집단의 투표율이 A. B 집단에 비해 훨씬 높은 것으로 나타났다. 자신과 이웃의 투표 여부가 공개된다는 사실이 알

2. 논리적 글쓰기: 활용과 평가

려질 경우 투표율이 증가한다는 결론을 얻었다.

2. 논리적 글쓰기: 활용과 평가

(다)

    1977년 4월 20일 광주 무등산 덕산골에서 박흥숙이라는 청년이 철거반원 4명을 살해하는 사건이 발생했다. 이 사건은 1970년대 국가 주도의 폭력적인 도시 개발과 아무 보호도 받지 못하던 빈민들의 현실이 빚어낸 것이지만, 당시 언론에는 대부분 폭력적인 강제 철거의 현실을 은폐하고 박흥숙과 가족들을 왜곡하고 비방하는 기사들만 실렸다. 사건의 진상은 한 대학생이 사건 현장을 찾아가 가족과 이웃을 직접 만나 조사하고 그 결과를 발표하여 알려지게 되었다.

    시골에 살던 박흥숙의 가족은 아버지가 일찍 세상을 떠나자 생계를 유지하기 위해 광주로 나왔다. 이렇게 농촌을 떠나 도시로 온 빈민들은 무허가 판잣집들이 모여 있는 곳에 살았다. 그러나 박흥숙의 가족은 그럴 만한 여유도 없어 흩어져 살아야 했다. 어머니, 여동생, 외할머니가 각각 식모살이를 해야 했고, 박흥숙도 공장에서 일했다. 그의 소원은 가족들이 모여 사는 것이었고, 1974년 혼자 덕산골에 집을 지었다. 비록 움막과 다를 바 없었지만, 가족들이 모여 살고 그 집을 어머니에게 바쳤다. 박흥숙은 검정고시에도 합격했고, 사법시험 공부를 했다. 법관이 되어 가난한 사람들의 권익을 지키고 싶었기 때문이다.

    그러나 1977년 전국체전을 앞둔 광주시는 무등산 일대의 판잣집들을 대대적으로 정리했다. 박흥숙에게도 자진 철거하라는 *계고장이 날아왔지만, 차마 자기 손으로 집을 부술 수 없었다. 철거반원들이 들이닥치자, 박흥숙과 가족들은 순순히 철거에 응했다. 그런데 철거반원들은 다시 건물을 짓지 못하게 불을 질러 버렸다. 모은 돈

22. 논리적 글쓰기: 활용과 평가

을 집 천장 위에 넣어 두었던 박흥숙의 어머니는 집으로 달려갔으나 떠밀려 쓰러져 의식을 잃었다. 철거반원들이 근처에 살던 거동이 불편한 노부부의 집까지 불태우자 박흥숙은 이성을 잃었다. 그는 철거반원들을 위협해 빨랫줄로 묶었다. 이들을 끌고 광주시청으로 가서 시장과 담판하려고 했던 것이다. 그러나 철거반원들이 저항하자 흥분한 박흥숙은 쇠망치를 휘둘렀다. 4명이 죽었고 1명은 중상을 입었다.

박흥숙은 법정에서 살인에 대해서 깊이 참회했다. 나의 죄는 백번 죽어도 사죄할 길이 없다. 나 같은 기형아가 다시는 이땅에 발붙이지 못하도록 어떤 극형을 주시더라도 달게 받겠다. 그러나 정부의 정책에 대해서는 항변했다. "당국에서는 아무런 대책도 없으면서 불까지 질러 돈이나 봄에 뿌릴 씨앗까지 깡그리 타고 말았다. 돈 많고 부유한 사람만이 이 나라의 국민이고, 죄없이 가난에 떨어야 하는 사람들은 모두가 이 나라의 국민이 아니란 말인가?" 각계의 구명 운동에도 불구하고 박흥숙은 1980년 12월 24일 사형을 당했다.

박흥숙 사건은 1년 뒤에 출간된 소설 [난장이가 쏘아올린 작은 공]에서 재개발에 밀려난 난쟁이의 가족들을 떠올리게 한다. 30년 전 소설 속에서 집을 잃고 밀려난 빈민의 자녀들은 지금 어떤 처지가 되어 있을까? 더 힘든 처지에 놓여 있는 것은 아닐까? 지금도 철거와 관련하여 일어나고 있는 빈민들의 문제를 해결하기 위한 노력이 필요하다.

* 계고장: 행정상의 의무 이행을 재촉하는 내용을 담은 문서

2. 논리적 글쓰기: 활용과 평가

(라)

 부모의 교육 수준이 높을수록 자녀의 교육 수준도 높은 이유는 무엇인가? <u>선천적인 재능이 대물림되기 때문인가 아니면 교육 수준이 높은 부모일수록 더 효과적으로 양육하기 때문인가?</u> 이를 알아보기 위해 영국의 학자들은 입양되어 자란 21세 성인들을 대상으로 연구를 수행했다. 이들은 생후 3개월 이전에 입양되었으며, 영국의 입양 정책에 따라 입양 당시 친부모에 대한 정보, 입양을 희망하는 부부의 특성이나 요구 등을 고려하지 않고 무작위로 입양되었다. 따라서 입양한 부모의 교육 수준은 입양된 아기의 선천적 재능과 관련성이 없다.

 입양아 집단과 비교하기 위해 친부모 밑에서 자란 같은 수의 비교 집단을 선정하였다. 두 집단은 나이, 성별. 인종, 7세 시절의 읽기 능력 평가 점수 등에서 비슷했다. 그리고 비교 집단의 친부모들은 교육 수준, 사회경제적 지위. 자녀의 학교 행사에 참여하는 정도 등에서 입양아 집단의 입양 부모들과 비슷했다. 이처럼 두 집단은 자녀와 부모 모두 유사한 조건과 환경을 가지고 있음을 확인했다.

 입양아 집단이 16세 때 치른 국가 학력 시험 성적과 입양 부모의 교육 수준을 조사한 결과 둘 사이에는 관계가 거의 없었다. 이에 비해 비교 집단의 아이들은 친부모의 교육 수준이 높을수록 16세 때 시험 성적이 좋은 경향을 보였다. 한편 일부 아이들의 재학 시절 3년간 심층 면접 기록을 분석한 결과 입양아 집단보다 비교 집단의 아이들이 성공하고자 하는 열망 수준이 높은 경향을 보였다.

2. 논리적 글쓰기: 활용과 평가

문제 제시문 별로 제목을 정하고 핵심 내용을 정리하시오. (각 100자)

〈제시문 가〉

〈제시문 나〉

〈제시문 다〉

2. 논리적 글쓰기: 활용과 평가

문제 제시문 별로 제목을 정하고 핵심 내용을 정리하시오. (각 100자)

〈제시문 라〉

200자

400자

600자

2. 논리적 글쓰기: 활용과 평가

문제 답안을 디자인하시오.

2. 논리적 글쓰기: 활용과 평가

[문제 1] 제시문 (가)의 두 가지 설명 방식이 제시문 (나)와 제시문 (다)에 각각 어떻게 활용되었는지 분석하고, 각 제시문에 드러난 설명 방식의 장단점을 평가하시오. (1,000자)

2. 논리적 글쓰기: 활용과 평가

[문제 1] 제시문 (가)의 두 가지 설명 방식이 제시문 (나)와 제시문 (다)에 각각 어떻게 활용되었는지 분석하고, 각 제시문에 드러난 설명 방식의 장단점을 평가하시오. (1,000자)

2. 논리적 글쓰기: 활용과 평가

[문제 2] 제시문 (가)의 주장을 고려하여 제시문 (라)의 연구 결과를 설명하고 밑줄 친 부분에 답하시오. (1,000자)

2. 논리적 글쓰기: 활용과 평가

[문제 2] 제시문 (가)의 주장을 고려하여 제시문 (라)의 연구 결과를 설명하고 밑줄 친 부분에 답하시오. (1,000자)

3. 주제 토론: 인간과 운명에 대하여

얼마나 행복을 누릴 만한지는
타인을 얼마나 행복하게 해주는지로 결정된다.

〈위 글을 바탕으로 인간과 운명에 대하여 창작하시오: 사회 비판 관점〉

4. 천자문 (72/125)

晋(나라 진) 楚(나라 초) 更(고칠 경) 覇(으뜸 패)
진과 초가 다시 으뜸이 되니

趙(나라 조) 魏(나라 위) 困(곤할 곤) 橫(비낄 횡)
조와 위는 서로 곤궁해진다.

진초경패 　　　　조위곤횡

晋楚更覇 이고　　趙魏困橫 이라.

사람은 운명을 만드는 자와 그것에 따르는 자로 나뉜다.

[한자 세 번, 뜻 한 번을 쓰시오]

인문고전 추천 72

권력에의 의지 (니체)

프리드리히 빌헬름 니체(1844~1900년)는 독일의 문헌학자이자 철학자이다. 서구의 오랜 전통을 깨고 새로운 가치를 세우고자 했기 때문에 '망치를 든 철학자'라는 별명이 있다. 그는 그리스도교 도덕과 합리주의의 기원을 밝히는 작업에 깊이 매진하였고, 이성적인 것들은 실제로는 비이성과 광기로부터 기원했다고 주장했다.

관념론과 기독교는, 세계를 두 개로 구분짓는다. 이를테면 기독교는 이승 이외에도 하늘나라가 있다고 가르친다. 또한 플라톤은 세계를 현상계와 이데아계로 이분한다. 니체는 이러한 구분에 반대하며 '대지에서의 삶을 사랑할 것'을 주창하였다. 또한 현실에서의 삶을 비방하는 자들을 가리켜 퇴락한 인간이라 부르며 비판하였다. 이렇듯, '영원한 세계'나 '절대적 가치'를 인정하지 않는다는 점에서 니체는 관념론적 형이상학에 반대한다. 즉, 기독교에서 말하는 '하나님의 왕국' 혹은 칸트가 말하는 '목적의 왕국' 등에 반대하는 것인데, 특이하게도 부르주아 민주주의를 기독교의 아류로 보고 비판하기도 했다.

독서 노트 (72)

[권력에의 의지에 흐르는 정신(교훈)에 대하여]

1. 저자
    : 니체

2. 도서
    : 권력에의 의지 (1권)

3. 독서노트
    (1) 중요하게 생각하는 열 가지 이야기를 기술하시오. (각 100자)
    (2) 정리한 열 가지 이야기에 흐르는 정신(교훈)을 세 가지로 나누고, 각 이야기를 인용하면서 권력에의 의지(1권)에 흐르는 세 가지 정신(교훈)에 대하여 설명하시오. (각 300자)

4. 기간
    : 2주

독서노트

(1) 중요하게 생각하는 열 가지 이야기를 기술하시오. (각 100자)

1.

2.

200자

3.

4.

400자

5.

600자

독서노트

(1) 중요하게 생각하는 열 가지 이야기를 기술하시오. (각 100자)

6.

7.

8.

9.

10.

독서노트

(2) 정리한 열 가지 이야기에 흐르는 정신(교훈)을 세 가지로 나누고, 각 이야기를 인용하면서 권력에의 의지(1권)에 흐르는 세 가지 정신(교훈)에 대하여 설명하시오. (각 300자)

1.

200자

2.

400자

600자

독서노트

(2) 정리한 열 가지 이야기에 흐르는 정신(교훈)을 세 가지로 나누고, 각 이야기를 인용하면서 권력에의 의지(1권)에 흐르는 세 가지 정신(교훈)에 대하여 설명하시오. (각 300자)

3.

Summary

1. 나에 대하여

: 나는 내 운명을 어디까지 극복하고 또 새롭게 만들 수 있는가?

2. 논리적 글쓰기

: 활용과 평가

3. 주제 토론

: 인간과 운명에 대하여

4. 천자문

5. 독서 노트

: 권력에의 의지 (1권)

인간과 운명에 대하여

✿ 72. 인간과 운명에 대하여 자신의 생각을 종합하시오.

논술의 정석 1 (예시 답안)

인문철학교육총서

65. 비교와 추론

[문제] (가)와 (나)에 나타난 문화의 형성 원리와 성격을 기술하고 이를 토대로 하여 (다)의 사례 [A]와 [B]의 의미를 각각 추론하시오. (1,200자)

한양대

생략

66. 추론과 비판

[문제] (가)에서 언급된 '전 지구적 차원의 문제'의 구체적인 사례를 하나 들고, (나)의 관점에서 이에 대한 대응 방안을 제시한 후, (다)의 예를 참고하여 그 대응 방안이 갖는 문제점을 비판하시오. (600자)

한양대

생략

67. 비교와 평가

[문제 1-1] 인간의 삶과 관련하여 문학이 가지는 가치에 대해 (가)와 (나)의 내용을 통합하여 쓰시오.(200자 내외)
[문제 1-2] [문제 1-1]에서 이해한 문학의 가치가 (다)에서 어떻게 구현되어 있는지 설명하시오.(300자 내외)
[문제 2-1] (가) ~ (라)를 두 입장으로 나누어 차이점을 중심으로 서술하시오. (200자 내외)
[문제 2-2] [문제 2-1]의 두 입장 중 하나를 택하여 (마)에 나타난 견해를 평가하시오.(300자 내외)
[문제 3-1] (가)와 (나)의 견해 차이를 서술하시오.(200자 내외) (40점)
[문제 3-2] (다)를 활용하여 [문제 3-1]의 두 견해 중 하나를 비판하시오. (300자 내외)

덕성여대

[문제 1-1]
인간의 삶과 관련하여 문학이 가지는 가치는 개인의 측면에서 내면에 대한 자아 성찰을 가능하게 하고, 공동체의 측면에서 사회적 문제의식을 제기한다. 이때의 자아 성찰과 사회적 문제의식은 개념적으로는 잘 구분된다. 그러나 사회적 문제의식에서 자아 성찰로의 전이나 자아 성찰에서 사회적 문제의식으로의 확장이 가능하다는 점에서 실제 문학 작품에서는 혼재하는 경우가 많다.

[문제 1-2]
(다)의 마지막 두 행에서 '역사는 도대체 ~ 남길 것인가'라고 한 것은 시인의 내면을 들여다보는 자아 성찰이 드러난 부분이고, 그 나머지 부분은 물질적 가치가 우선시되는 세태에 대한 사회적 문제의식이 드러난 부분이다. 특히 '훌륭한 비석'이라는 풍자적, 반어적 표현은 사회적 문제의식을 시적으로 잘 형상화한 부분이다. 또한 두 가치는 서로 영향을 미치는데, '훌륭한 비석'으로 형상화된 사회적 문제의식은 시인의 삶을 반추하는 자아 성찰로 이어지며, 이러한 자아 성찰은 다시 부정적 세태를 극복하려는 시인의 사회적 문제의식을 강화하는 데 기여하고 있다.

[문제 2-1]
(가)~(라)는 자연이 인간과 동등하며 서로 조화를 이루어야 한다는 입장과 인간이 우월하므로 자연을 지배해왔다는 입장으로 나뉜다. (가)는 인간과 자연의 동화를 꿈꾸며 (다)는 동물도 생명을 가진다는 점에서 인간과 차이가 없다고 말한다. 반면에 (나)는 이성이 인간을 특별하게 하며 (라)는 인간이 이성과 지식을 통해 자연을 대상화하고 도구로 활용해 왔다고 설명한다.

[문제 2-2]
-(가)와 (다)를 택할 경우, 제시문 (마)는 고통을 느낀다는 점에서 인간과 다를 바 없는 동물의 복지를 인간의 복지와 동등하게 고려해야 하므로, 육식이 윤리적으로 옳지 않다고 주장한다. 산업사회에서 육식은 인간의 즐거움을 위한 사치일 뿐이다. 사람도 자연의 일부이며, 사람이나 동물이나 생명을 가지며 죽음을 싫어한다는 점에서는 차이가 없다. 자연을 도구로 이용하고 정복할 때보다 자연과 교감을 이룰 때 사람은 진정한 행복을 느낀다. 따라서 동물의 고통도 인간의 고통과 마찬가지로 윤리적으로 고려되어야 한다. 오히려 과영양이 문제인 산업사회에서 동물의 고통을 강요하는 육식은 정당화 될 수 없다.
-(나)와 (라)를 택할 경우, 제시문 (마)는 고통을 느낀다는 점에서 인간과 다를 바 없으므로 동물의 복지를 인간의 복지와 동등하게 고려하여 육식을 하지 말아야 한다고 주장한다. (마)의 견해처럼 감각 능력이 있는 동물은 인간과 마찬가지로 고통을 느낀다. 그러나 그렇다고 해서 동물과 인간이 동등하다고 할 수는 없다. 이성을 통해 덕을 추구하는 인간은 자연을 정복하고 문명을 발전시켜 왔다. 동물은 감각과 욕구를 가지고 고통을 느끼나 자의식도 없고 이성을 통한 윤리적 사고도 할 수 없다. 동물을 학대하여 비참하게 만드는 것은 바람직하지 않지만, 육식까지 윤리적으로 그르다고 할 필요는 없다.

[문제 3-1]
(가)는 대중의 삶을 반영하는 대중 예술의 가치를 긍정하지만 (나)는 대중 예술이 개성을 상실하여 자본에 종속된 산업으로 전락했음을 지적한다. (나)에 의하면, 기술 시대의 예술은 복제를 통해 시공간 속의 일회적 현존성을 상실했으며 상업화되었다. 반면에 (가)는 대중 예술이 친숙한 소재를 통해 일상에서 반복되는 대중의 삶과 밀착되어 예술의 지평을 넓혔다고 주장한다.

[문제 3-2]
- (가)를 비판할 경우, 제시문 (가)는 대중 예술이 그 수준이 낮다는 비판에도 불구하고 대중의 반복적인 일상을 반영한다는 점에서 오히려 미적 가치를 지니게 되었다고 주장한다. 하지만 (다)는 예술을 통해 관람객이 고유성과 개성을 획득해야 한다고 주장한다. (다)가 말하듯, 예술은 말초적인 감성의 자극을 넘어서 인간의 영혼을 순화시키고 고양시켜야 한다. 일상적이고 몰개성적인 대중의 삶을 반영한다고 해서 대중 예술이 인간의 영혼을 고양시킬 수 있는 것은 아니다. 대중 예술의 특성인 복제와 상업화는 영혼을 자본에 종속시키며 인간 존재의 의미와 진정한 자유를 훼손한다.
- (나)를 비판할 경우, 제시문 (나)는 기술 시대에 사진과 같이 복제 가능한 대중 예술이 유일한 현존성을 상실하여 가치를 잃었음을 주장한다. 자본의 지배를 받는 대중 예술은 획일화된 상품으로 소비될 뿐이라는 것이다. 그러나 (다)가 말하듯, 예술 작품은 관람자와 교감을 이루어야 한다. 순수 예술은 관객과 유리되어 외면을 받지만, 대중 예술은 반복되는 일상을 반영하여 대중과 소통하고 관객의 감성을 키운다. 상업화는 오히려 친숙성을 의미한다. 대중은 친숙함을 통해 예술가와 쉽게 소통할 수 있으며, 군중 속에서 자신의 현존성을 깨닫고 일상의 의미를 새롭게 발견한다.

68. 비교와 관점

[문제 1] 제시문 [가]에 나타난 인간의 특징을 서술하고, 이를 토대로 [나]의 창작 활동의 의의를 밝히시오. (글자수: 제한 없음)

[문제 2] 제시문 [다]와 [라]의 두 작품에서 보이는 예술 세계의 공통점과 차이점을 서술하시오. (글자수: 제한 없음)

[문제 3] 제시문 [마]의 화자의 관점으로 [바]에 대해 논하시오

이화여대

[문제 1]
제시문 [가]는 인간은 누구나 죽는다는 진리를 강조하며 시작된다. 인간은 천사와 달리 유한한 존재이지만 자신의 유한성을 성찰하고 나아가 유한성 너머의 세계를 상상한다. 인간은 유한하기에 불가능한 것에 대해 상상하고, 그렇기에 기억, 사유, 상상, 표현은 인간을 인간이게 하는 특징이자 능력이 된다. 이때, 인간의 네 가지 능력도 인간 존재처럼 완벽하지 않기에 의미를 갖는다. 지식이 한계를 갖기에 상상은 위대해지고, 경험의 한계에 지속적으로 도전하기에 표현은 아름다워진다. 즉 기억, 사유, 상상, 표현의 인간적 시도들은 유한성에서 비롯한 찰나적 소중함을 포착하고 표현하기에 위대해진다.

이를 토대로 살펴보건대, 제시문 [나]에서 제시된 백남준의 비디오 아트는 인간의 기술 문명의 산물 중 수명이 다해 폐기될 운명의 고물들을 해체하고 융합하여 탄생시킨 창조적인 예술 작품이다. 우선 그의 비디오 아트는 예술과 기술의 경계를 넘나들며 기술의 산물인 텔레비전을 예술로 승화시켜 고정관념에 묶인 지식의 한계를 넘어서는 상상력을 보여준다. 또한 부처를 텔레비전 앞에 앉혀 놓거나 세계 곳곳에서 동시다발적으로 일어나는 사건을 하나의 화면에 병치시키는 기발한 상상력은 동양과 서양을 가로막고 있던 해묵은 문명의 장벽을 훌쩍 뛰어넘는다. 이태백의 달을 모니터에 담아서 달은 가장 오래된 텔레비전이라는 상상을 표현하기도 하고, 오래전 죽은 이태백의 사유를 상상력을 통해 잇기도 한다. 특히 모니터를 쌓아 만든 사람 모양의 로봇은 텔레비전의 화면을 사람의 얼굴로 바꾸는 매체의 인간화에 대한 표현이자 단선적인 정보 전달에서 쌍방향 소통을 시도하려는 의도일 수도 있다. 물론 인격화된 기계의 상상은 사람들의 조소나 혹은 공포를 야기할 수도 있다. 백남준의 예술 활동이 찬사를 받는 이유는 완전무결해서가 아니다. 오히려 유한한 지식의 한계에 갇힌 인간의 현실에서 익숙한 고정 관념을 부수고 해체하여 작품으로 재구성해냈기에 그의 상상은 위대해지고, 쓰레기장에 버려질 현대 문명의 고물들을 융합하여 예술로 승화시켰기에 그의 남다른 사유와 표현이 의의를 갖는 것이다. 결국 비디오 아트를 탄생시킨 백남준의 열정과 뒷심은 인간 존재의 유한성에서 비롯된 것이다. 그의 예술은 기억과 사유의 한계를 넘어서는 폭넓은 상상력의 산물이다. 그렇기에 인간 능력의 한계를 넘어서려는 그의 시도는 천사에게 자랑할 만큼 값진 것이 된다.

[문제 2]

「모나리자」와 「몽유도원도」 두 작품은 모두 단일한 원근법 대신 화가의 개성과 창의성이 담긴 원근법을 통해 그림 속의 자연과 인간을 형상화하였다는 공통점을 보이고 있다. 그리고 이 원근법은 단순한 회화 기법에 그치지 않는 것으로, 다빈치의 '공기 중의 원근법'은 인간이 세계의 축소판이라는 르네상스 시대의 인식을 토대로 하고 있고, 「몽유도원도」의 '삼원법'에는 자연과 함께 존재하는 인간에 대한 중용적 세계관이 반영되어 있다는 점도 유사한 점이다. 그렇지만 두 작품의 예술 세계는 공통점만큼이나 차이점도 뚜렷하다. 「모나리자」는 경계를 없애는 기법을 통해 인간과 배경 사이의 경계를 없애는 모호함과 신비함을 추구하였으나, 「몽유도원도」는 삼원법을 통해 자연의 사실성을 추구하였다. 「모나리자」가 모호함을 통해 '작품 속의 공간이 뒤로 물러나는 듯한 환상'의 효과를 낳고 있는 반면, 「몽유도원도」는 자연의 제각각의 형상을 있는 그대로 다르게 느끼게 하는 것이다. 또한 다빈치가 「모나리자」의 독창적인 원근법과 회화 기법을 통해 표현하고 있는 세계관이 르네상스 시대의 인간관, 즉 인간의 몸은 세계의 축소판이라는 인간 중심의 세계관이었다면, 「몽유도원도」는 자연을 화가의 개인의식 속으로 환원하지 않고 인간과 함께 존재하는 살아 있는 자연을 체험하게 하는 중용적 세계관을 표현하고 있다는 점도 중요한 차이점이다.

[문제 3]

제시문 [마]에서 화자는 열매도 맛이 없고 볼품없이 시들어가는 복숭아나무에 홍도 가지를 접붙임으로써 꽃과 열매가 다시 풍성해진 경험에 대한 감회를 적고 있다. 처음에는 생나무를 베고 작은 가지를 접목하는 것이 이치에 맞지 않다고 여겼으나 이내 큰 수고 없이 간단한 접목만으로 나무가 다시 아름답게 살아나는 모습을 보며 그 조화에 감탄한다. 결국 이 글에서 화자는 처음에는 어울리지 않는다고 생각한 서로 다른 요인들이 조합됨으로써 예기치 못한 새로운 효과를 낳는 접목의 이치를 찬양하고 있다. 이처럼 접붙이기를 긍정적으로 보는 화자의 관점에서 제시문 [바]의 만화에 대한 설명을 보면, 만화는 홍도 가지가 접붙여진 복숭아나무와 같다. 만화는 글에 그림이라는, 또는 그림에 글이라는 이질적 요소를 더한다. 이러한 특성 때문에 많은 사람들이 만화가 적합한 책의 형태를 벗어난다, 즉 '이치에 어긋난다'고 판단하였고, 그래서 만화는 일반 책보다 경시되며 심지어 어린 독자들에게 나쁜 영향을 끼친다는 편견을 받아 왔다. 그러나 복합적 요소로 구성된 만화는 그 덕분에 젊은 세대들의 창조적 사고를 돕거나, 이와 비슷하게 복합적인 컴퓨터 관련 매체를 쉽게 다룰 수 있게 해 준다는 긍정적 기능을 가진다. 결국 나무 접붙이기에 경탄하는 화자의 관점에서 보았을 때 만화는 이전의 책의 형태를 크게 바꾸지 않으면서도 글과 그림의 조합이라는 새로운 형태로 독서에서 멀어진 아이들도 다시 독서하도록 유인할 뿐 아니라, 새로운 매체의 시대를 여는 상상력을 유발하며, 이 시대에 잘 적응할 수 있도록 새로운 사고의 길을 열어주는 놀라운 효과를 갖는다.

69. 분류와 평가 (출제 의도)

[문제 1] (가)~(마)는 리더십 유형에 관한 글이다. 제시문들을 두 유형으로 분류하고 각 제시문을 요약하시오. (400자)
[문제 2] (바)에 나타난 스키피오의 리더십을 (가)의 정치인 A의 리더십과 비교, 평가하시오. (500자)
[문제 3] [문제 1]의 두 리더십 유형을 활용하여, 아래 ①의 A 기업의 초기 성장에 동력이 되었던 리더십과 향후 지속적 발전을 위한 적절한 리더십을 아래 ②와 제시문들을 활용하여 추론하시오. (600자)

외대

[문제 1]은 제시문 (가)부터 (마)까지를 읽은 후, 리더십의 유형에 관한 제시문을 두 가지로 분류하고 각각의 제시문을 요약할 것을 요구하였다. 제시문들로부터 '(권한)위임형 리더십'과 '지시형 리더십'의 두 핵심어를 이끌어낼 수 있는지, 그리고 이 두 가지 유형 중 하나로 각 제시문을 구분할 수 있는지를 평가하고자 하였다. 또한 다섯 개의 제시문을 각각 요약하게 함으로써 핵심어를 이용한 요지파악 능력을 측정하고자 하였다.

[문제 2]는 제시문 (바)와 제시문 (가)에 나타난 두 인물의 리더십 유형을 비교하여 공통점과 차이점을 이끌어내고 (바)에서 나타난 리더십의 문제점을 지적하여 이를 평가해서 기술할 수 있는 능력을 측정한다. 기본적으로 두 제시문에 나타난 리더십은 서로 같은 유형의 '(권한)위임형 리더십'이지만 (바)의 리더십은 위임이 지나쳐 부정적인 결과를 초래한다는 부작용을 도출해내고 이 점이 (가)의 리더십과 다르다는 평가를 내릴 수 있는 지를 측정하고자 하였다.

[문제 3]에서는 [문제 1]에서 분류된 두 리더십 유형을 바탕으로, 본 문항과 함께 주어진 추가지문 ①에 적용하여 추론할 수 있는 능력을 보고자 한다. 추가지문 ①의 핵심적인 내용은 상황의 변화에 따라 리더십의 유형이 다르게 적용될 수 있어야 한다는 것이며, 이러한 상황요인을 파악할 수 있도록 추가지문 ②를 제시하였다. 이 문제에 대한 적절한 추론을 위해서는 다음과 같은 여러 가지 과정이 적절히, 그리고 유기적으로 진행되어야 정답 작성이 가능하다. 첫째, [문제 1]의 풀이과정에서 핵심어인 "(권한)위임형 리더십"과 "지시형 리더십"의 대립적인 분류, 둘째, 추가지문에서 조직의 상황이 변화함에 따라 기존과는 다른 리더십이 발휘되어야 한다는 요지의 발견, 셋째, 여러 제시문에서 어떤 형태의 리더십으로의 변화가 필요한 지에 대한 구체적인 예시를 추가하여 해당 지문 ①의 방향성을 추론하는 것 등이다. 수험자가 이 일련의 과정들을 적절히 연계할 수 있는 지, 이러한 추론의 진행을 적절한 문장으로 표현할 수 있는 지를 함께 평가하는 것이 이 문제의 출제의도이다.

70. 비교와 비판

[문제 1] 제시문 【가】, 【나】, 【다】 에 나타난 예술 감상에 관한 견해의 차이를 서술하고, 이를 바탕으로 〈보기〉의 뱅크시의 실험적 행위가 예술 감상과 관련해 시사하는 바에 대하여 논술하시오. (1,000자)

[문제 2] 제시문 【가】, 【나】, 【다】, 【라】 는 사회적 불평등에 관한 견해를 담고 있다. 제시문을 두 입장으로 나누어 비교하고, 이를 바탕으로 사회적 불평등을 해결하기 위한 〈보기〉의 기부행위가 지니고 있는 한계에 대하여 논술하시오. (800 자)

숭실대

[문제 1] 제시문은 예술 감상에 관한 글로 감상의 목적과 태도, 사전 지식에 대한 태도 면에서 상이한 견해를 드러내고 있다. 예술 감상의 목적과 관련하여 [가]와 [나]는 감상의 목적을 새로운 발견이라고 본다. 새로운 발견을 위해서 [가]와 [나]는 모두 참신한 눈으로 보고 느끼는 방법을 강조한다. 하지만 사전 지식에 대한 태도를 놓고 보면 [가]는 사전 지식을 부정적으로 보는데 반해, [나]는 사전 지식이 감상에 도움이 된다는 긍정적 관점을 취하고 있다.

한편 [다]는 부르디외의 이론을 소개하며 예술 감상에 관한 새로운 관점을 제시하고 있다. [가]와 [나]는 예술을 미적 대상으로 보지만, [다]는 예술을 지위 상승의 도구로 본다. 특정 계층이 가진 예술에 대한 취향 이면에는 소속감·동질성 형성이라는 목적이 존재한다. 이럴 경우 감상은 자신이 속한 계층을 여타의 계층과 구별 짓기 위한 수단의 의미를 띤다. 사전 지식의 측면에서도 [다]는 사전 지식을 특정 계층이 공유한 문화적 자본의 일부로 본다는 면에서 [가], [나]와 차이가 있다.

위의 내용에 입각할 때 뱅크시의 행위는 우선 예술이란 무엇인가라는 의문을 제기한다는 면에서 시사적이다. 〈보기〉에 따르면 많은 관람객들은 뱅크시의 그림을 명화로 오해한다. 그 이유는 그것이 유명 미술관에 걸려 있기 때문이다. 참신한 눈을 강조하는 [가]와 [나]를 참고해 볼 때, 뱅크시의 실험은 유명 미술관에 있으면 무조건 예술로 보는 태도에 의문을 제기하며 주체적인 눈으로 예술을 대하는 태도의 중요성을 시사한다고 할 수 있다.

또한 뱅크시의 행위는 예술 감상의 진정한 목적과 관련하여 의문을 제기한다는 면에서 주목할 만하다. [다]의 관점에서 볼 때 유명 미술관에 걸려 있으니 명화라 보는 태도는 작품 자체보다 구분 짓기를 더 중시하는 것이다. 이것은 감상의 목적을 새로운 발견이 아니라 목표 달성의 수단에 두는 태도이다. 뱅크시는 자신의 실험을 통해 우리가 생각하는 예술적 체험이 사전 지식의 적용이나 소속감 확인의 수단으로 축소된 것은 아닌가 돌아보고 예술 감상 방법에 대해 재고할 것을 요청하고 있다.(1,034자)

[문제 2] 제시문은 사회적 불평등의 원인과 해결방법에 관해 서로 다른 견해를 드러낸다. [가]와 [라]는 사회적 불 평등을 개인적 차원에서 설명하지만, [나]와 [다]는 구조적 차원에서 접근하고 있다.

[가]는 불평등이 사회에 기능적이라고 본다. 경제적 부와 권력은 개인적 노력의 자연스런 결과물이고 보 상 과정에서 생긴 불평등은 필연적 결과라 간주한다. [라] 또한 사회적 불평등이 정당하다는 점을 부각시킨다. 기여의 정도에 따른 분배는 정의의 개념에 부합하고 불평등의 해소는 개인에 의해 이뤄져야 함을 분명히 한다.

반면 [나]와 [다]는 불평등의 해소를 위해 제도의 변화가 필요하다고 본다. [나]는 제도가 의식에 큰 영향 을 준다는 전제 하에 제도의 미흡이나 잘못된 운영이 불평등의 원인이라 설명한다. [다]는 일부의 선의로 불평등을 해결하려는 태도는 약자에게 모욕감을 주는 것이라 보고 제도에 대한 보완이 있어야 품위 사회 로 나아갈 수 있다고 말한다.

[나], [다]에 입각할 때 의 기부는 불평등의 제도적 차원을 간과하고 있다. 기부는 일시적으로는 도 움을 줄 수 있지만 제도의 미비나 부재로 인한 구조적 문제는 해결하지 못한다. 또한 개인의 선의에 해법 은 제도적 변화의 필요성을 보지 못하게 하는 문제가 있다. 기부는 분명 '품위 있는' 행위이지만 '품위 사 회' 만들기에는 한계가 있는 방법이다.

[가], [라]의 관점에서도 기부행위의 한계를 지적할 수 있다. [가]에 기초할 때 기여도가 낮은 사람에게 가 는 보상이 많아질 경우 유인책의 가치가 저하될 수 있다. [라]의 관점에서 볼 때 불평등의 해소를 기부에 의존할 경우 독립심과 자립심의 가치가 훼손되고 이것은 경제 발전에 장애가 됨으로써 결국 불평등의 심 화를 낳을 수 있다.(852자)

71. 비교와 대안

[문제] (가), (나) 현상이 암시하고 있는 미래 사회의 가능성에 대하여 (다)에서 제기하고 있는 쟁점을 중심으로 자신의 의견을 논하되, (라)와 (마)를 활용하시오. (900자)

서강대

[문제] 사람 대신 혹독한 업무를 하거나 사람과 즐거운 대화를 나눌 수 있는 로봇은 이미 상용화되었 거나 혹은 상용화될 것이다. 특정 업무에 특화된 로봇, 더 나아가 인간에게 공감할 수 있는 로봇을 인간 사회에서 어떠한 존재로 받아들여야 할 것인가? 이러한 쟁점을 판단해야만 하는 순간이 곧 올 것임을 (가)와 (나)는 암시해 주고 있다.

칼렙과 네이든은 정해진 업무 능력을 테스트하는 것만으로는 '인간인지 로봇인지'를 구분할 수 없다면서, '인간다움' 판단 기준을 내세운다. 첫째, 자신이 무엇을 하고 있는지를 알고 있 는 자의식을 지니고 있는가, 둘째, 로봇이 자율적으로 감정을 느낄 수 있는지가 그것이다. 이 제 쟁점은 다시, '기준을 충족하는 로봇이 거리를 활보하는 사회에서도 로봇과 인간은 구분되 어야만 하는가'로 구체화 된다.

(라)에서 언급된 '탈인간중심주의'는 이 쟁점을 풀어나갈 수 있는 하나의 전제가 된다. 인간 만이 존엄성을 지닌다고 생각했던 시대에는 동물의 이익과 고통은 배려된 적이 없다. 그러나 이제는 인간을 위해 노동력을 제공하고 기꺼이 인간의 식량이 되어주었던 동물을 지금은 '반 려 동물'이라는 명명이 어색하지 않을 정도로 배려해야 할 대상으로 간주한다. 마찬가지로 로 봇과의 관계 역시 '탈인간중심주의'에 입각하여 재해석되어야 할지 모른다.

인간과 로봇의 관계는 인간이 상당 부분 미리 결정해야 하는 문제이다. 설계자가 '모델화 목 적과 수준'을 조절하고 결정할 수 있지 않은가. 즉, 로봇의 도덕 법칙을 칸트 모델에 따라 규 정해 주는 것으로 만족할 것인가, 아니면 인간 사회의 수많은 가능성을 고려하여 행위의 결과 까지 예측하는 좀 더 유연한 판단력을 지닌 모델을 지향할 것인가? 공동체의 역사와 전통까지 고려하는 덕 윤리를 모델링하기는 요원할 것이라 믿고 싶지만, 만약 그조차도 모델링이 가능 하다면 로봇은 더 이상 로봇이 아닐 것이다. 지속적으로 바뀌어가는 '인간-로봇' 사이의 경계 는 인간성을 무엇으로 보는가의 문제에 따라 달라질 것이다.

72. 활용과 평가

[문제 1] 제시문 (가)의 두 가지 설명 방식이 제시문 (나)와 제시문 (다)에 각각 어떻게 활용되었는지 분석하고, 각 제시문에 드러난 설명 방식의 장단점을 평가하시오. (1,000자)

[문제 2] 제시문 (가)의 주장을 고려하여 제시문 (라)의 연구 결과를 설명하고 밑줄 친 부분에 답하시오. (1,000자)

연세대

생략

논술의 정석 1

65. 인간과 문화에 대하여: 비교와 추론 (한양대) _23_

66. 인간과 환경에 대하여: 추론과 비판 (한양대) _45_

67. 인간과 문학에 대하여: 비교와 평가 (덕성여대) _67_

68. 인간과 예술에 대하여: 비교와 관점 (이화여대) _107_

69. 인간과 리더에 대하여: 분류와 평가 (외대) _145_

70. 인간과 평등에 대하여: 비교와 비판 (숭실대) _175_

71. 인간과 문명에 대하여: 비교와 대안 (서강대) _209_

72. 인간과 운명에 대하여: 활용과 평가 (연세대) _235_

고전인문철학수업총서

고전인문철학수업 1~13권 도서 목록

고전인문철학수업 1~13권 도서 목록 (1)

순서	도서	작가	관련 수업
1	15소년 표류기	쥘 베른	3권 22강
2	걸리버 여행기	스위프트	13권 101강
3	공포와 전율	키르케고르	8권 63강
4	구토	사르트르	5권 35강
5	국가 1	플라톤	1권 6강
6	국가 2	플라톤	1권 8강
7	군주론	마키아벨리	5권 39강
8	권력에의 의지(1권)	니체	9권 72강
9	권력에의 의지(2권)	니체	10권 73강
10	그리스로마 신화	不明	2권 10강
11	그림 동화집	그림	1권 4강
12	금강경	석가모니	13권 98강
13	꿈의 해석(1~3장)	프로이드	9권 67강
14	꿈의 해석(4~5장)	프로이드	9권 71강
15	나비	헤르만 헤세	5권 40강
16	나의 라임오렌지나무	바스콘셀로스	3권 17강
17	노자	노자	6권 45강
18	논어	공자	12권 91강
19	니코마코스 윤리학	아리스토텔레스	11권 86강
20	달과 6펜스	서머싯 몸	3권 20강
21	대학	증자	13권 99강
22	데미안	헤르만 헤세	4권 27강
23	도덕의 계보	니체	12권 89강
24	디아프살마타	키르케고르	3권 17강
25	로빈슨 크루소	대니얼 디포	13권 104강
26	리바이어던	홉스	6권 46강
27	마지막 잎새, 크리스마스 선물	오 헨리	6권 41강
28	맹자	맹자	12권 92강
29	맥베스	셰익스피어	10권 80강
30	명상록 1	아우렐리우스	1권 4강
31	명상록(전권)	아우렐리우스	9권 70강
32	명상록 2	아우렐리우스	2권 13강
33	명상록 3	아우렐리우스	4권 30강
34	모파상 단편집	모파상	2권 14강
35	목민심서	정약용	10권 78강
36	문학이란 무엇인가	사르트르	4권 31강
37	바보이반	톨스토이	1권 3강
38	반시대적 고찰 1	니체	2권 16강
39	반시대적 고찰 2	니체	9권 66강
40	반지의 제왕	톨킨	7권 50강
41	방법서설 1	데카르트	1권 7강
42	방법서설 2	데카르트	7권 56강
43	법구경	법구	5권 33강
44	변신	카프카	3권 24강

고전인문철학수업 1~13권 도서 목록 (2)

순서	도서	작가	관련 수업
45	별, 마지막 수업	알퐁스 도데	4권 26강
46	보물섬	로버트 스티븐슨	2권 11강
47	보왕삼매론	묘협	5권 40강
48	비밀의 화원	프랜시스 버넷	1권 5강
49	빨강 머리 앤	루시 몽고메리	8권 59강
50	사람에게는 얼마만큼의 땅이 필요한가	톨스토이	1권 3강
51	사람은 무엇으로 사는가	톨스토이	1권 3강
52	사랑의 학교	아미치스	1권 7강
53	사회계약론	루소	4권 25강
54	사회계약론	루소	8권 58강
55	삼국유사	일연	4권 25강
56	삼국유사(2)	일연	8권 64강
57	삼국지 1	나관중	2권 15강
58	삼국지 2	나관중	6권 43강
59	생의 한가운데	루이제 린저	3권 18강
60	생의 한가운데(2)	루이제 린저	11권 82강
61	서광	니체	13권 97강
62	선악을 넘어서	니체	11권 81강
63	성찰	데카르트	3권 18강
64	소공녀	프랜시스 버넷	2권 13강
65	소월의 명시	김소월	7권 51강
66	소크라테스의 변명	플라톤	1권 1강
67	수상록	몽테뉴	11권 84강
68	순수이성비판	칸트	12권 95강
69	신논리학	베이컨	2권 9강
70	아라비안나이트	불명	2권 16강
71	안네의 일기	안네 프랑크	4권 25강
72	안데르센 동화집	안데르센	1권 2강
73	어느 개의 고백	카프카	3권 24강
74	어린 왕자 2	생텍쥐페리	2권 14강
75	어린 왕자 1	생텍쥐페리	2권 9강
76	엉클 톰스 캐빈	스토	3권 21강
77	역사철학강의	헤겔	5권 36강
78	예링	권리를 위한 투쟁	7권 54강
79	예언자 1	칼릴지브란	2권 12강
80	예언자 2	칼릴지브란	3권 19강
81	왕자와 거지	마크트웨인	4권 29강
82	육조단경	혜능	12권 94강
82	유토피아	토마스 모어	8권 57강
84	의무론	키케로	5권 34강
85	이방인	까뮈	8권 61강
86	이솝우화(2)	이솝	13권 100강
87	이솝우화 1	이솝	1권 1강
88	이솝우화 2	이솝	4권 32강

고전인문철학수업 1~13권 도서 목록 (3)

순서	도서	작가	관련 수업
89	인간 불평등 기원론	루소	1권 5강
90	인간적인 너무나 인간적인 1	니체	1권 2강
91	인간적인 너무나 인간적인 2	니체	6권 47강
92	인간적인 너무나 인간적인 3	니체	6권 48강
93	일리아드 오디세이	호메로스	6권 44강
94	자본론(1~3편)	마르크스	7권 55강
95	자본론(4~7편)	마르크스	8권 62강
96	잠언	성서	5권 38강
97	장자 1	장자	2권 15강
98	장자 2	장자	7권 49강
99	젊은 베르테르의 슬픔	괴테	3권 19강
100	정치학	아리스토텔레스	5권 37강
101	제인 에어	샬럿 브론테	13권 103강
102	존 S. 밀	자유론	7권 52강
103	존재와 무(2부)	사르트르	9권 69강
104	존재와 무(3부)	사르트르	10권 77강
105	존재와 무(4부)	사르트르	11권 85강
106	존재와 무(서론, 1부)	사르트르	9권 68강
107	존재와 시간(서론)	하이데거	10권 75강
108	주역	不明	9권 65강
109	중용	자사	12권 90강
110	즐거운 지식	니체	10권 76강
111	지하생활자의 수기	도스토예프스키	1권 3강
112	지하생활자의 수기(전권)	도스토옙스키	11권 83강
113	차라투스트라는 이렇게 말했다	니체	3권 22강
114	차라투스트라는 이렇게 말했다(1,2부)	니체	8권 60강
115	차라투스트라는 이렇게 말했다(3,4부)	니체	12권 93강
116	채근담	홍자성	12권 96강
117	철학자들의 생각 1	不明	6권 42강
118	철학자들의 생각 2	不明	6권 44강
119	체호프 단편선	체호프	3권 23강
120	키다리 아저씨	진 웹스터	13권 102강
121	탈무드 1	不明	1권 5강
122	탈무드 2	不明	1권 6강
123	톰 소여의 모험	마크트웨인	1권 8강
124	팡세	파스칼	4권 28강
125	프린키피아	뉴턴	10권 74강
126	국가	플라톤	7권 53강
127	한비자 1	한비	2권 10강
128	한비자 2	한비	3권 21강
129	햄릿	셰익스피어	11권 88강
130	헤세의 명시	헤르만 헤세	10권 79강
131	황금 머리를 가진 사나이	알퐁스 도데	5권 40강
132	황금의 가지	프레이저	11권 87강

논술의 정석 1

명예를 위해 살지 말고
명예롭게 살라.

인문철학교육총서 1~13

고전인문철학수업 1 : 과거를 창조함

고전인문철학수업 2 : 제 3의 탄생

고전인문철학수업 3 : 여유로움과 나태함

고전인문철학수업 4 : 평등한 세상

고전인문철학수업 5 : 배려와 희생

고전인문철학수업 6 : 이해와 사랑

토론의 정석 1 : 약자에 대한 배려

토론의 정석 2 : 계층 문제

논술의 정석 1 : 인간과 문화

논술의 정석 2 : 인간과 평화

논술의 정석 3 : 인간과 합리

창작의 정석 1 : 명예로움에 대하여

창작의 정석 2 : 바라지 않음에 대하여

논술의 정석 1

1판1쇄 ‖ 2024년 1월 1일
지은이 ‖ 김주호
펴낸곳 ‖ 지성과문학사
등록   ‖ 제251-2012-40호
전화   ‖ 031-707-0190
팩스   ‖ 031-935-0520
이메일 ‖ bookfs@naver.com

ISBN 979-11-91538-87-8 (03100)

출판사의 허락 없이 무단 복제와 무단 전재를 금합니다.
잘못된 책은 구입처에서 교환해 드립니다.
이 책에서 사용된 문양은 한국문화정보센터가 창작한 저작들을 공공누리 제 1유형에 따라 이용합니다.

이 책의 모든 저작권은 지성과문학사가 가지고 있습니다.

✿ 고전인문철학수업 1

1. 과거를 창조함에 대하여 (플라톤, 소크라테스의 변명)
2. 소극적 자유와 적극적 자유에 대하여 (니체, 인간적인 너무나 인간적인)
3. 자유의지에 대하여 (도스토예프스키, 지하생활자의 수기)
4. 자유로운 일과 자유를 주는 일에 대하여 (아우렐리우스, 명상록)
5. 창조의 힘, 개별의지에 대하여 (루소, 인간불평등기원론)
6. 개별의지의 적용에 대하여 (플라톤, 국가 Ⅰ)
7. 선택받는 삶과 선택하는 삶에 대하여 (데카르트, 방법서설)
8. 올바름과 어리석음에 대하여 (플라톤, 국가 Ⅱ)

✿ 고전인문철학수업 2

9. 제3의 탄생에 대하여 (베이컨, 신논리학)
10. 꿈의 구조도에 대하여 (한비, 한비자)
11. 생각의 지도에 대하여 (통합사유철학강의)
12. 숭고한 나눔에 대하여 (칼릴지브란, 예언자)
13. 명예로운 삶에 대하여 (아우렐리우스, 명상록)
14. 우리에게 중요한 것들에 대하여 (생텍쥐페리, 어린 왕자)
15. 삶의 목적에 대하여 (장자, 장자)
16. 참과 진리에 대하여 (니체, 반시대적 고찰)

✿ 고전인문철학수업 3

17. 여유로움과 나태함에 대하여 (키르케고르, 디아프살마타)
18. 성찰과 회복에 대하여 (데카르트, 성찰)
19. 아름다움에 대하여 (칼릴지브란, 예언자)
20. 행동과 열정에 대하여 (서머싯 몸, 달과 6펜스)
21. 겸손과 지혜에 대하여 (한비, 한비자)
22. 인식의 세 단계에 대하여 (니체, 자라투스트라는 이렇게 말했다)
23. 진실과 오해에 대하여 (체호프, 체호프 단편선)
24. 인간의 조건에 대하여 (카프카, 변신)

✿ 고전인문철학수업 4

25. 평등한 세상을 위하여 (루소, 사회계약론)
26. 인간의 본성에 대하여 (알퐁스 도데, 별)
27. 문제와 해결에 대하여 (헤르만 헤세, 데미안)
28. 허영과 충만에 대하여 (파스칼, 팡세)
29. 편견과 본성에 대하여 (마크트웨인, 왕자와 거지)
30. 자기철학에 대하여 (아우렐리우스, 명상록)
31. 자존과 수용에 대하여 (사르트르, 문학이란 무엇인가)
32. 노력과 만족에 대하여 (이솝, 이솝 우화)

✿ 고전인문철학수업 5

33. 배려와 희생에 대하여 (법구, 법구경)
34. 유익과 선에 대하여 (키케로, 의무론)
35. 존재에 대하여 (사르트르, 구토)
36. 시대정신에 대하여 (헤겔, 역사철학강의)
37. 목적과 자격에 대하여 (아리스토텔레스, 정치학)
38. 인내와 용기에 대하여 (성서, 잠언)
39. 배움의 이유에 대하여 (마키아벨리, 군주론)
40. 성공의 길과 진리의 길에 대하여 (헤르만 헤세, 나비)

✿ 고전인문철학수업 6

41. 이해와 사랑에 대하여 (오헨리, 마지막 잎새)
42. 이해와 득실에 대하여 (냉철한 그리고 분노하는, 철학자들의 생각)
43. 합리적 계책에 대하여 (나관중, 삼국지)
44. 평등과 자격에 대하여 (냉철한 그리고 분노하는, 철학자들의 생각)
45. 시간과 존재에 대하여 (실존을 넘어서)
46. 자유와 평등에 대하여 (홉스, 리바이어던)
47. 관계와 인간에 대하여 (니체, 인간적인 너무나 인간적인 Ⅰ)
48. 나와 [나]에 대하여 (니체, 인간적인 너무나 인간적인 Ⅱ)

❁ 토론의 정석 1
| 고전인문철학수업 7 |

49. 우리 시대 약자는 살기 괜찮은가: 약자에 대한 판결 불공정 문제
50. 우리 시대 교육은 문제없는가: 대학 서열 문제
51. 우리 시대 직업은 그 역할을 다하고 있는가: 직업 서열 문제
52. 우리 시대는 술과 정신병 문제에 대한 대처를 잘하고 있는가: 술, 정신병 문제
53. 우리 시대는 부동산 등 불로소득을 잘 징계하고 있는가: 부동산, 불로소득 문제
54. 우리 시대 종교는 타락하고 있지 않은가: 타락한 종교 문제
55. 우리 시대는 처벌에 대해 평등의 원칙을 잘 준수하는가: 공평한 벌금 문제
56. 우리 시대는 정당방위를 충분히 보장하고 있는가: 정당방위 문제

❁ 토론의 정석 2
| 고전인문철학수업 8 |

57. 우리 시대는 계층 문제를 충분히 고려하고 있는가: 계층 문제
58. 우리 시대의 제사, 결혼, 장례 문화는 적절한가: 제사, 결혼, 장례의 전통 문제
59. 우리 시대는 상속을 왜 허용하면 안 되는가: 상속 문제
60. 우리 시대는 아직 일본과의 관계를 해결하지 못하고 있는가: 일본과의 관계 문제
61. 우리 시대는 남북통일을 잘 추진하고 있는가: 남북한 통일 문제
62. 우리 시대는 한중일 3국 연합을 준비하고 있는가: 한중일 연합 문제
63. 우리 시대는 개인의 생명과 안전을 스스로 지킬 수 있는가: 총기 소지 문제
64. 우리 시대는 모두의 인권을 존중해야 하는가: 인권과 사형 문제

❁ 논술의 정석 1
| 고전인문철학수업 9 |

65. 인간과 문화에 대하여: 비교와 추론
66. 인간과 환경에 대하여: 추론과 비판
67. 인간과 문학에 대하여: 비교와 평가
68. 인간과 예술에 대하여: 비교와 관점
69. 인간과 리더에 대하여: 분류와 평가
70. 인간과 평등에 대하여: 비교와 비판
71. 인간과 문명에 대하여: 비교와 대안
72. 인간과 운명에 대하여: 활용과 평가

✿ 논술의 정석 2
| 고전인문철학수업 10 |

73. 인간과 평화에 대하여: 비교와 추론
74. 인간과 기계에 대하여: 비교와 설명
75. 인간과 성취에 대하여: 비교와 평가
76. 인간과 정직에 대하여: 차이와 해석
77. 인간과 공정에 대하여: 핵심과 전개
78. 인간과 사회에 대하여: 추론과 근거
79. 인간과 빈곤에 대하여: 옹호와 비판
80. 인간과 존엄에 대하여: 서술과 한계

✿ 논술의 정석 3
| 고전인문철학수업 11 |

81. 인간과 합리에 대하여: 분류와 추론
82. 인간과 실존에 대하여: 적용과 해석
83. 인간과 발전에 대하여: 분석과 견해
84. 인간과 윤리에 대하여: 논점과 비판
85. 인간과 소외에 대하여: 해석과 대안
86. 인간과 대안에 대하여: 분석과 타당
87. 인간과 신뢰에 대하여: 평가와 추론
88. 인간과 정의에 대하여: 분류와 요약

✿ 창작의 정석 1
| 고전인문철학수업 12 |

89. 명예로움에 대하여: 수필
90. 숭고함에 대하여: 수필
91. 자기 세계에 대하여: 수필
92. 방향(芳香)에 대하여: 수필
93. 가난함에 대하여: 논설
94. 강함에 대하여: 논설
95. 오류에 대하여: 논설
96. 기다림에 대하여: 논설

❀ 창작의 정석 2
| 고전인문철학수업 13 |

97. 바라지 않음에 대하여: 우화/동화/시
98. 어리석음에 대하여: 우화/동화/시
99. 우월함에 대하여: 우화/동화/시
100. 무아(無我)에 대하여: 우화/동화/시
101. 감성에 대하여: 소설/극본
102. 의지에 대하여: 소설/극본
103. 거짓에 대하여: 소설/극본
104. 진리에 대하여: 소설/극본

논술의 정석 1